RÉSONANCES

Collection dirigée par Étienne CALAIS

Étude sur

MONTAIGNE

Les Essais (I, 31 / III, 6)

« Des cannibales »
« Des coches »

par Alain-Gilbert GUÉGUEN

Professeur à l'Université Catholique de l'Ouest
et à l'Université de Bretagne Sud

ellipses

Résonances est une collection nouvelle qui entend, dans un nombre de pages réduit et sous un format original, offrir, sur une œuvre littéraire, l'essentiel des connaissances indispensables et incontournables qui permettent l'approche et l'étude efficace de l'ouvrage concerné.

Résonances est une collection innovante qui entend inciter les lecteurs, jeunes et moins jeunes, à une lecture attentive et ludique, ouvrir des pistes à explorer, inviter à des rapprochements opportuns.

Résonances est une collection pratique dont l'objectif, dans un premier temps, est de répondre aux besoins des élèves des terminales L (et ES) qui inaugurent, à la rentrée 94, le nouveau programme *Lettres*, programme varié et ambitieux, qui doit redonner aux classes concernées le profil littéraire qui leur manquait partiellement.

Résonances est une collection autonome qui peut être complétée par la série *Analyses & Réflexions* qui, grâce à des articles variés, élargit et diversifie l'approche des textes.

Étienne CALAIS, *agrégé de Lettres modernes, est professeur en lycée et en sections de BTS. Il a été chargé de cours – sciences humaines et techniques d'expression – aux Arts et Métiers. Il a été aussi intervenant dans le réseau SUP TG (groupe ESC Reims) et à l'ENSADE (Beaux Arts) de Reims.*
Il a rédigé des cours par correspondance - lycée et BTS – pour CUF-Bordas, Éducatel et France-Formation. Il a dirigé et co-produit la série de manuels de français de la collection « Organibac », chez Magnard (8 volumes à ce jour, dont le Précis de Littérature française par siècle et par genre, *le* Précis de Littérature gréco-latine, *le* Précis des Littératures de la Communauté Européenne*).*
Il a publié en collaboration avec des professeurs de classes préparatoires De la méthode *aux éd. Ellipses, ouvrage de culture générale et de philosophie à destination des lycéens de Terminale et des élèves de « Prépas » littéraires et commerciales.*

Dans la même collection

- Étude sur : Shakespeare, *Hamlet*, par Alison Détrie.
- Étude sur : Sophocle, *Œdipe roi*, par Christine Dubarry-Sodini.
- Étude sur : Césaire, *Cahier d'un retour au pays natal, Discours sur le colonialisme*, par Annie Urbanik-Rizk.
- Traduction et présentation de : Montaigne, *Essais*, « Des cannibales », « Des coches », par Michel Tarpinian.

EDITION MARKETING
EDITEUR DES PREPARATIONS
GRANDES ECOLES MEDECINE
32, rue Bargue 75015 PARIS

ISBN 2-7298-4411-2

L'ŒUVRE ET SES CONTEXTES

Dès la fin du XVe siècle, un formidable élan pousse les nations européennes à la conquête du Nouveau Monde. Lorsque Christophe Colomb prend pied sur une petite île des Bahamas le 12 octobre 1492, il ouvre, sans le savoir, une ère nouvelle. C'est le temps des grandes découvertes. En 1498, Vasco de Gama dépasse le cap de Bonne-Espérance et gagne Calicut. En 1501, Cabralaborde les côtes du Brésil, puis, dès 1519, Magellan se lance dans la première circumnavigation. Jacques Cartier, quant à lui, s'aventure vers les zones septentrionales, vers le Canada en 1545. En quelques années, le monde se découvre un autre visage, s'élargit à de plus vastes horizons. C'est maintenant la terre entière qui s'offre à l'homme de la Renaissance.

Il s'agit d'un homme nouveau que n'effraie plus la grandeur de l'univers, un homme ouvert à tous les possibles. Certes, il faudra un certain temps avant que la révolution copernicienne n'entame l'autorité toujours admise de Ptolémée[1]. Mais l'essor est donné. À l'image d'un Pantagruel, l'homme de la Renaissance se veut universel : explorateur, artiste, soldat, savant, il porte en lui les valeurs d'un humanisme confiant que rien ne semble devoir remettre en cause. En France, de retour des guerres d'Italie, victorieux, François 1er et sa cour, s'ouvrent à une nouvelle esthétique, à de nouveaux courants intellectuels. Le Quatrocentto[2] fleurit depuis un siècle, depuis que la chute de Constantinople a laissé affluer au pays de Léonard de Vinci, les savants grecs et leurs précieux manuscrits. Cet événement donne au monde occidental la possibilité de redécouvrir la culture grécolatine. Au début, elle est l'objet de toutes les attentions des spécialistes en langues anciennes, et des humanistes comme Érasme, Budé y retrouvent l'enseignement des philosophes de l'Antiquité. Mais elle s'ouvre bientôt à

1 Pour Ptolémée, la terre se trouvait au centre de l'univers. Cette vision géocentriste fit place, progressivement, dans le courant du XVIe siècle, au système copernicien. Dans son ouvrage, *De revolutionibus*, paru en 1543, COPERNIC place « le soleil au centre de toutes choses ».

2 Nom donné à la Renaissance italienne qui commence dès le XVe siècle.

un large public cultivé, grâce aux progrès de l'imprimerie. À travers l'Europe entière, la diffusion du livre autorise maintenant la propagation des idées. D'un côté, on réédite les textes anciens, on les traduit, on les commente ; de l'autre, les nouvelles connaissances trouvent leur place dans une abondante production. Les nombreuses cosmographies* affinent ainsi progressivement l'image du monde, de ses continents. Elles tiennent compte maintenant des habitants jusque-là inconnus du Nouveau Monde.

L'ÉPOQUE DE MONTAIGNE

À travers l'éducation qu'il reçoit, Montaigne hérite de ce savoir. Mais l'époque à laquelle il vit n'est plus celle d'un enthousiasme novateur. La connaissance de l'Histoire, de l'histoire récente notamment, renvoie l'homme à son propre reflet. En cette deuxième moitié du XVIe siècle, il apparaît dans toute sa précarité. On ne saurait donc comprendre Montaigne sans connaître son temps. Pendant plus de trente ans, huit guerres de religion vont laisser de profondes marques en France. Jusqu'en 1598, malgré trêves et édits de pacification, le royaume vivra dans un constant climat d'insécurité. C'est le temps, comme le dit l'auteur des *Essais,* où chacun est obligé de vivre « en eschauguette en sa propre maison[1] » (Liv. III, chap. IX, p. 948). Le pays est donc malade de cette violence qui voit les assassinats répétés des plus grands : Condé en 1569, Coligny en 1572, parmi les protestants, François de Guise en 1563, et Henri III en 1589 parmi les catholiques, pour ne citer qu'eux. Dans les provinces, au fil des mois, au fil des ans, l'intolérance grandit. Ces « misères » que les poètes mettront en vers, qu'il s'agisse de Ronsard ou d'Agrippa d'Aubigné, trouvent leur expression la plus forte dans le massacre de la Saint-Barthélémy.

---

* Les astérisques renvoient à un glossaire situé en fin d'ouvrage (p. 62).

1 L'orthographe de l'édition de La Pléiade a été reproduite dans les citations.

UNE ÉDUCATION HUMANISTE

Montaigne, qui naquit en 1553, a reçu l'enseignement humaniste que lui avait prodigué son père, Pierre Eyquem. Revenant lui-même d'Italie, il était nourri d'une culture grecque et latine suffisante pour en faire bénéficier son entourage. Son fils apprit donc le latin avant même sa langue maternelle : « [...] sans art, sans livre, sans grammaire ou precepte, sans fouet et sans larmes [...] » (Liv. I, chap. 26, p. 173). Le grec aussi lui fut inculqué sous forme de jeu. Il avait cinq ans et était donc préparé à entrer au collège de Bordeaux, puis à celui de Guyenne, considéré comme le meilleur de France. Il n'y fut pas très heureux, et il fallut l'indulgence de ses professeurs pour lui permettre de découvrir les auteurs anciens qui ne figuraient pas au programme.

Mais déjà, en 1548, des troubles éclatent en province, marquant durablement l'esprit de Montaigne : les paysans se révoltent contre les officiers chargés de percevoir la gabelle. Premières violences dont est témoin l'enfant :

> Je vis [...] un Gentil-homme, commandant à une grande ville, empressé à l'esmotion d'un peuple furieux. Pour esteindre ce commencement de trouble, il print party de sortir d'un lieu très-asseuré où il estoit, et se rendre à cette tourbe mutine ; d'où mal luy print, et y fut miserablement tué. (Liv. II, chap. XIV, p. 129)

Époque troublée qui annonce celle des guerres de religion à venir, où chacun cherche sa voie. Le frère et la sœur de Montaigne se tournent vers la religion réformée.

Après, vraisemblablement, des études de droit à Toulouse, il se présente à la cour des Aides[1], récemment créée par Henri II, en 1554. Trois ans plus tard, cette cour étant supprimée, il fait son entrée au Parlement* de Bordeaux. Il y rencontre Étienne de La Boétie, qui mourra six ans plus tard, mais dont l'amitié lui sera toujours présente :

> En l'amitié de quoy je parle, elles [nos âmes] se meslent et confondent l'une en l'autre, d'un mélange si universel, qu'elles effacent et ne retrouvent plus la couture qui les a jointes. Si on me presse de dire pour quoy je l'aymois, je sens que cela ne se peut exprimer, qu'en respondant : « Par ce que c'estoit luy ; par ce que c'estoit moy. » (Liv. I, chap. XXVIII, p. 186)

---

1 « Une cour des aides était essentiellement un organisme judiciaire s'occupant du contentieux des finances extraordinaires. » (J. PLATTARD, *Montaigne*, p. 42)

LE DÉBUT DES GUERRES CIVILES

En 1562, il a vingt-neuf ans, et réside depuis un an à Paris où il a été envoyé par le Parlement* de Bordeaux, lorsqu'est perpétré par les catholiques le massacre de Wassy dans lequel périssent les premiers huguenots. Les guerres civiles laissent Montaigne « envieilli », et il s'étonne que cette « forme d'estat si débordée » (p. 933) perdure toujours. Expliquant les raisons pour lesquelles il entreprend quelques voyages qui le mènent loin de chez lui, il donne de la société qui est la sienne l'image d'un monstrueux assemblage dont il ne recherche pas précisément le voisinage :

> En fin je vois par nostre exemple que la société des hommes se tient et se coust, à quelque pris que ce soit. En quelque assiete qu'on les couche, ils s'appilent et se rengent en se remuant et s'entassant, comme des corps mal unis qu'on empoche sans ordre trouvent d'eux mesmes la façon de se joindre et s'emplacer les uns parmy les autres [...]. (Liv. III, chap. IX, p. 933)

LE REGARD DU CANNIBALE

Les Cannibales qu'il rencontre précisément à Rouen en 1562 s'étonnent eux-aussi d'une société, où « [...] tant de grands hommes, portans barbes, forts et armez, qui estoient autour du Roy (il est vray-semblable que ils parloient des Suisses de sa garde) se soubs-missent à obeyr à un enfant [...] » (Liv. I, chap. XXXI, p. 212). Venu d'un autre Monde, l'Indien met en évidence la crise d'une société où le pouvoir se cherche, où les injustices sont toujours les plus criantes :

> [...] ils avoyent aperçeu qu'il y avoit parmy nous des hommes pleins et gorgez de toutes sortes de commoditez, et que leurs moitiez estoient mendians à leurs portes, décharnez de faim et de pauvreté [...]. *(Op. cit.,* p. 213)

Quelques lignes avant la fin de son *Essai*, dans un contraste voulu avec le tableau de la ville de Rouen parée pour l'occasion de toutes ses richesses, Montaigne, par la bouche du Brésilien, concentre la vision d'un monde prêt à s'enflammer :

> [...] et trouvoient estrange comme ces moitiez icy necessiteuses pouvoient souffrir une telle injustice, qu'ils ne prissent les autres à la gorge, ou missent le feu à leurs maisons. *(Ibid.)*

Pour l'heure, Charles IX doit apprendre son « mestier » de monarque. Le tour de France royal accompli par toute la cour dure deux ans, avec armes et bagages. Il permet, non seulement de mesurer l'étendue du pays, mais de tenter de rallier factieux et mécontents. La traversée de certaines provinces s'avère périlleuse. À la Rochelle, par exemple, les habitants protestants font comprendre au roi qu'ils sont prêts à tout pour garder leurs privilèges. L'entrée de la ville est gardée par une haie d'hommes d'armes vêtus d'incarnat, de bleu et de blanc. Pour entrer, Charles IX doit couper un cordon de soie. La cour ne s'attardera pas. Bientôt, comme beaucoup d'autres places fortes huguenotes, la cité océane refermera ses portes.

LE TEMPS DES *ESSAIS*

Montaigne, en 1571, se défait de sa charge au Parlement de Bordeaux, et décide de se retirer sur ses terres, « [...] dans le sein des doctes vierges, où en repos et sécurité, il passe[ra] les jours qui lui restent à vivre [avec pour dessein de] parfaire [l'] habitation des douces retraites de ses ancêtres qu'il a consacrée à sa liberté, à sa tranquilité, et à ses loisirs [...] » (« Chronologie de Montaigne », p. XVI). Un an plus tard, c'est la Saint-Barthélémy. On ne trouvera pas dans ses *Essais* d'allusion précise à cet événement majeur qui va séparer de façon définitive catholiques et protestants. Catherine de Médicis et Charles IX profitant du rassemblement des protestants, venus assister au mariage d'un des leurs, Henri de Navarre avec Marguerite de Valois (la fameuse reine Margot), signent l'arrêt de mort de dizaines de milliers de réformés. Cette nuit du 24 août 1572 – et notamment l'assassinat de l'amiral de Coligny, qui avait été à l'origine des quelques expéditions françaises vers le Brésil et la Floride – a un retentissement considérable. La violence qui ensanglante Paris pendant quatre jours, se répand comme une traînée de poudre en province, où les meurtres et les exactions se poursuivent, n'épargnant personne. Ce sont trente mille personnes qui périssent en quelques semaines. Une fois la surprise passée, l'acte apparaît aux yeux des contemporains comme l'un des plus cruels jamais commis. Montaigne perçoit le caractère « monstrueux » de la guerre civile, la comparant à une maladie de l'État :

> [...] les autres agissent au dehors ; cette-cy encore contre soy se ronge et se desfaict par son propre venin. Elle est de nature si maligne et ruineuse qu'elle se ruine quand et quand le reste, et se deschire et se desmembre de rage. [Et] quand elles viennent à durer, comme la nostre, tout le corps s'en sent et la teste et les talons ; aucune partye n'est exempte de corruption. (Liv. III, chap. XII, p. 1018)

À cause de ces crimes, les contemporains de Montaigne perdent toute confiance. La personne du roi elle-même n'a plus de crédit. Reprenant dans son *Essai* intitulé de « l'incommodité de la grandeur », les idées de l'humaniste Buchanan, Montaigne donne du roi, des princes, l'image d'hommes dépendant de leur entourage, trop faibles pour supporter le poids de leur charge.

LA NÉGOCIATION

Sortant de sa retraite, il rejoint les armées catholiques de Guyenne en 1574. On le charge d'organiser la défense de Bordeaux menacée, et on le trouve auprès d'Henri de Navarre et d'Henri de Guise. Dans cette période troublée, Montaigne, tente de négocier entre les deux partis ennemis, bien qu'il en sache la difficulté :

> [...] aux débats de la religion, [...] il nous faut un juge non attaché à l'un ny à l'autre party, exempt de chois et d'affection, ce qui ne se peut parmy les Chrestiens [...]. (Liv. II, chap. XII, p. 585)

La fréquentation des grands le renseigne assez sur la nature du pouvoir qui corrompt l'homme. Une fois de plus, l'histoire du moment en est la meilleure illustration. Charles IX meurt à vingt-quatre ans, laissant la place à son frère, Henri III. Le royaume se cherche, son sort demeure incertain. Des armées étrangères, dont on achète les services, se trouvent aux frontières. Leur présence inquiète, et plus encore, leur emploi indique à Montaigne que même le « corps » des armées françaises, à l'image du royaume, est gangréné de façon incurable : en 1576, le duc d'Alençon, frère du roi, se trouve à la tête du parti des *Politiques*, aussi connus sous le nom de *Mal-contents*. Il compte dans son entourage de nombreux protestants en plus des Suisses de Condé, et des troupes mercenaires allemandes, les fameux « reistres ». Devant le danger de cette armée qui se dirige vers

Paris, Catherine de Médicis signe la paix. Mais des dissensions éclatent au sein des *Politiques*. Une partie des troupes étrangères pille la Bourgogne, et François d'Alençon doit faire face à son entourage qui le pousse, malgré tout, à marcher sur la capitale. C'est finalement le roi qui met fin à cette cinquième guerre civile en accordant, entre autres, la liberté de culte aux protestants dans toute la France, sauf à Paris. C'est la paix de Monsieur conclue le 6 mai 1576.

La sérénité semble donc revenue. Montaigne rédige une partie de l'*Apologie de Raymond Sebond* :

> [...] quelques jours avant sa mort, mon père, ayant de fortune rencontré ce livre soubs un tas d'autres papiers abandonnez, me commanda de le luy mettre en François. (Liv. II, chap. XII, p. 416)

En effet, cet ouvrage était, comme il le dit quelques lignes avant, « d'un Espaignol barragoiné en terminaisons Latines ». Il s'était donc attelé à cette « occupation bien estrange et nouvelle pour [luy] ». Montaigne, au chapitre XII de son deuxième *Livre*, examine donc les « belles [...] imaginations de cet autheur » *(ibid.)*. Il qualifie son dessein de hardi et courageux, « [...] car il entreprend, par raisons humaines et naturelles, establir et verifier contre les atheistes tous les articles de la religion Chrestienne [...] » (*op. cit.*, p. 417). Il reprend, pour les réfuter, les arguments de Raymond Sebond, montrant que si la raison ne suffit pas à vérifier les mystères de la Religion, le chrétien doit malgré tout « viser par tous ses estudes [...] à embellir, estandre et amplifier la verité de sa creance [croyance] » (*op. cit.*, p. 418). Cet essai constitue une partie importante du *Livre II* qu'il rédige à l'époque.

LE DESSEIN DE MONTAIGNE

Entre-temps, la guerre a repris, le culte réformé est de nouveau interdit par le roi. Montaigne est nommé gentilhomme de la chambre d'Henri de Navarre. Mais il commence à ressentir les douleurs du mal qui minera sa santé : la gravelle ou maladie de la pierre[1]. Il lit néanmoins avec attention

1 Elle a pour cause la formation de calculs dans les reins, ou la vessie. Montaigne s'en plaindra, et en observera l'évolution, notamment pendant sa cure.

les *Commentaires* de César, ainsi que Jean Bodin. En 1580, le premier Livre de ses *Essais* est publié à Bordeaux chez S. Millanges, imprimeur ordinaire du roi. Dans l'avertissement qui ouvre son œuvre, l'auteur nous informe de ses intentions :

> C'est icy un livre de bonne foy, lecteur. Il t'advertit dès l'entrée, que je ne m'y suis proposé aucune fin, que domestique et privée. Je n'y ay eu nulle considération de ton service, ny de ma gloire. Mes forces ne sont pas capables d'un tel dessein. Je l'ay voué à la commodité particulière de mes parens et amis : à ce que m'ayant perdu (ce qu'ils ont à faire bien tost) ils y puissent retrouver aucuns traits de mes conditions et humeur, et que par ce moyen, ils nourrissent plus entière et plus vifve la connoissance qu'ils ont eu de moy. Si c'eust esté pour rechercher la faveur du monde, je me fusse mieux paré et et me présenterois en une marche estudiée. Je veus qu'on m'y voie en ma façon simple, naturelle et ordinaire, sans contantion et artifice : car c'est moy que je peins. Mes defauts s'y liront au vif, et ma forme naïfve, autant que la reverence publique me l'a permis. Que si j'eusse esté entre ces nations qu'on dict vivre encore sous la douce liberté des premières loix de nature, je t'asseure que je m'y fusse très-volontiers peint tout entier, et tout nud. Ainsi, lecteur, je suis moy-mesmes la matière de mon livre […]. (p. 9)[1]

Dans ces quelques lignes, se disent le projet de Montaigne, ainsi que l'objet même de son étude. Dans son désir de « nudité », il rejoint un temps les habitants du Nouveau Monde saisis dans leur innocence.

LE VOYAGE

Le 22 juin 1580, accompagné d'une petite troupe, Montaigne quitte son château. Il rejoint l'armée royale devant La Fère. Ce voyage lui permet un temps de se détourner d'un pays mis à feu et à sac, de laisser les « occupations ménagères » dont on lui reproche d'ailleurs de faire bien peu de cas. Sur la route, son « âme se démesle » (Liv. III, chap. IX, p. 931). Traversant la Suisse, l'Allemagne, l'Italie, il note scrupuleusement ce qu'il y voit de « singulier ». À Bâle, il rencontre force gens savants. Il revient aussi à des préoccupations plus matérielles, remarquant les différences culinaires. Parlant des Suisses :

1 Voir l'analyse de ce passage par H. FRIEDRICH (in *Montaigne*, p. 45).

> ils ne se servent jamais d'eau à leur vin. [...] Ils meslent diverses viandes ensemble bien apprestées et d'une distribution bien esloingnée de la nostre [...]. Leurs tables sont fort larges et rondes, et carrées, si qu'il est mal aysé d'y porter les plats. (*Journal de voyage en Italie*, p. 1130)

Avec quelque humour aussi, il mesure l'écart de sens d'un même mot employé respectivement en français et en italien. Nuance parfois subtile mais qui ne semble pas faite pour lui déplaire :

> J'invitai tout le monde à souper, parce qu'en Italie les festins ne sont autre chose qu'un de nos repas bien légers en France. J'en fus quitte pour plusieurs pièces de veau et quelques couples de poulets. (*Op. cit.*, p. 1279)

Les particularités de chaque ville étrangère sont mentionnées, toujours complétées par le nombre de verres d'eau que boit Montaigne dans l'espoir de guérir de sa maladie. S'intéressant à l'administration des villes, il rend compte de l'autonomie de chaque cité suisse qui dispose de ses lois en propre. C'est la diversité des hommes rencontrés, la variété des coutumes des peuples qui arrêtent son regard. Faisant allusion à la France qu'il laisse derrière lui, il nous dit que « c'est tousjours gain de changer un mauvais estat à un estat incertain. [...] le voyager me semble un exercice profitable. L'ame y a une continuelle exercitation à remarquer les choses incogneuës et nouvelles : et je ne sçache point meilleure escolle, comme j'ay dict souvent, à former la vie que de luy proposer incessamment la diversité de tant d'autres vies, fantaisies et usances, et luy faire gouster une si perpétuelle variété de formes de nostre nature » (Liv. III, chap. IX, p. 950-951). L'attention toujours en éveil, Montaigne peut alors rester huit à dix heures à cheval tout « choliqueux » qu'il est.

LA VARIÉTÉ DU MONDE

Il s'en va parfois seul, à l'aventure. Sur le chemin qu'il prend alors, et dont il choisit l'itinéraire au gré de son humeur, du paysage, il s'entretient avec les gens du lieu, les interroge. Dans la région de Pise, rencontrant un vieillard, il se montre curieux de savoir si on prend les bains comme en France. Plus loin, il se hâte d'aller à Pavie, pour en visiter les monuments. Il apprécie la beauté de la ville. Il note avec précision la composition des repas qu'on lui sert. Non loin de Plaisance, il goûte à un plat de « moutarde composée de miel et d'orange coupée par morceaux, en façon de cotignac à demi-cuit » (*Journal de voyage en Italie,* p. 1331). Dans l'état de Lucques, il examine une machine conçue pour irriguer les marais, laissée à l'abandon. À Rome, il établit un relevé des « choses rares » qu'il voit.

LE RETOUR EN FRANCE

Comme s'il avait voulu mieux s'imprégner du monde dans lequel il était entré, Montaigne avait rédigé son *journal* en italien dès son entrée dans le pays. Quittant ce dernier, retournant chez lui, il écrit la suite de son périple en français :

> [...] einsi je quite ce langage estrangier, duquel je me sers bien facilemant, mais bien mal assuréemant, n'aïant eu loisir, pour estre toujours en compagnie de François, de faire nul apprentissage qui vaille. (*Op. cit.*, p. 1337)[1]

Montaigne a quelques regrets : celui de ne pas ramener « un cuisinier allemand en France pour en faire la preuve chez luy » ; et aussi de n'avoir eu à sa disposition « les livres qui l'auroient averti des choses remarcables de chaque lieu ». Il se reprochera en effet d'avoir laissé son exemplaire de la *Cosmographie** de Sébastien Munster qui aurait pu lui servir de guide. Cet ouvrage lui aurait permis de goûter pleinement à « la diversité des façons d'une nation à autre [qui] ne [le] touche que par le plaisir de la variété » (Liv. III, chap. IX, p. 964). Montaigne se dit tout entier dans son désir d'appréhender la différence. Même si elle doit lui coûter : « et me suis tousjours jetté aux tables les plus espesses d'estrangers ». Du reste, il a « honte de voir nos hommes enyvrez de cette sotte humeur, de s'effaroucher des formes contraires aux leurs : il leur semble estre hors de leur element s'ils sont hors de leur vilage. Où qu'ils aillent, ils se tiennent à leurs façons et abominent les estrangeres. [...] les voylà à se ralier et à se recoudre ensemble, à condamner tant de meurs barbares qu'ils voient. Pourquoy non barbares, puis qu'elles ne sont françoises ? » *(ibid.).*

---

1 Ce journal n'était pas destiné à être publié. Montaigne réfléchit après coup sur le voyage comme en témoignent les additions relatives à ce sujet, « car il s'aperçoit que le mouvement du voyage est, comme la vie personnelle [...] l'expérience de la mobilité infinie » (H. FRIEDRICH, *op. cit.*, p. 268).

LA MAIRIE DE BORDEAUX

Alors qu'il était encore en Italie, en septembre 1581, il avait appris sa nomination à la mairie de Bordeaux. Il se hâte donc de rentrer en France. Il s'acquitte au mieux de sa tâche, tout en préservant cette part de lui-même qu'il ne veut céder à aucun prix ni à quiconque. En cela, il s'éloigne du modèle fourni par son père qui s'était tout entier dévoué au maniement des choses publiques : « Le Maire et Montaigne auront tousjours esté deux, d'une separation bien claire » (Liv. III, chap. XI, p. 989). Il fait de nombreux séjours à Paris pour les affaires de sa ville. La deuxième édition des *Essais* paraît en 1588, augmentée de nombreuses éditions. Deux ans plus tard, il entame une nouvelle période de mairie. Au milieu de la tourmente politique, il essaie de réconcilier les partis adverses, et c'est en un certain nombre de catholiques intransigeants qu'il trouve ses plus rudes ennemis. Malgré les attaques, Montaigne s'affirme dans son rôle de négociateur. Il sert d'intermédiare entre Henri de Navarre — qu'il reçoit dans son château le 19 décembre 1585 — et le maréchal de Matignon. Mais en juin de la même année, la politique cède la place à d'autres urgences : la peste est à Bordeaux. Montaigne qui n'était pas dans la ville à ce moment, se tient à distance. Quelques jours plus tard, il emmène sa famille hors d'atteinte. Montaigne donne alors du monde l'image qu'il en voit :

> Or, tournons les yeux par tout, tout crolle autour de nous ; en tous les grands estats, soit de Chrestienté, soit d'ailleurs, que nous cognoissons, regardez y : vous y trouverez une evidente menasse de changement et de ruyne [...]. (Liv. III, chap. IX, p. 938)

Le mouvement est universel, et « il semble que les astres mesme ordonnent que nous avons assez duré outre les termes ordinaires » (Liv. III, chap. IX, p. 939). En effet, l'histoire semble se précipiter. Montaigne qui a encore repris la route pour Paris, se fait dévaliser non loin d'Orléans. Il est finalement libéré et ses papiers, dont le manuscrit des *Essais*, lui sont rendus. En juillet 1588, de retour de Rouen, il est pris en otage, est arrêté et embastillé. Le soir même, il recouvre la liberté grâce à l'intervention de Catherine de Médicis. Le 2 août 1584, Henri III est assassiné. Montaigne prépare une nouvelle édition de ses œuvres, considérablement augmentée. À la fin de sa vie, les *Essais* prennent un tour encore plus personnel.

CHRONOLOGIE

Vie de Montaigne

1495 Naissance de Pierre Eyquem, père de Michel.

1519 Pierre Eyquem participe aux **guerres d'Italie**.

1528 Pierre Eyquem épouse Anthony de Louppes.

1530 Pierre Eyquem devient maire de Bordeaux.

1533 **Naissance de Michel,** 3e enfant.

1535 Il est confié à un pédagogue allemand.

1540 Il entre au collège de *Bordeaux.*

1554 Il est nommé conseiller à la cour des Aides.

Il entre au **parlement de Bordeaux**. Rencontre Étienne de La Boétie.

1561 Il est à Bordeaux.

1565 Se marie avec Françoise de la Chassaigne.

1569 Traduction de la *Théologie Naturelle* de Raymond Sebond.

1570 Il vend sa charge de conseiller au Parlement de Bordeaux.

1571 **Il se retire sur ses terres**.

1577 Il est nommé **gentilhomme** de la chambre d'Henri de Navarre.

1580 Publication des Livres I et II des ***Essais***.

Entreprend son voyage en Allememagne, Suisse et Italie.

1582 Il est élu **maire de Bordeaux**.

Paraît la deuxième édition des ***Essais*** (Livres I, II, III).

1585 La peste est à Bordeaux.

1588 Quatrième édition des ***Essais***.

1592 Mort de Michel de Montaigne.

Événements historiques

1517 Les 95 lettres de Luther.

1523 Lefebvre d'Étaples traduit le *Nouveau Testament*.

1541 Calvin : *Institution chrétienne.*

1547 Mort de François 1er. Henri II prend la succession.

1549 Premiers troubles à Bordeaux.

1559 Mort de Henri II en tournoi.

1562 Réglementation du culte protestant.

Massacre de **Wassy**, 1re guerre de religion.

1564 Début du voyage de Charles IX et de la Cour en France.

1567 2e guerre de religion.

1568 3e guerre de religion.

1569 Bataille de Jarnac.

1570 Paix de Saint-Germain.

1571 Victoire navale de la Chrétienté sur les Turcs à Lépante.

1572 **Massacre de la Saint-Barthélémy**.

1573-74 Siège de La Rochelle.

1574 Mort de Charles IX.

1575 Fin de la 5e guerre, édit de Beaulieu.

1576 Création de la Ligue.

1577 6e guerre de religion.

1579 7e guerre de religion.

1584 Mort du duc d'Anjou.

1589 Assassinat de Henri III par Jacques Clément.

1598 **Édit de Nantes :** fin des guerres de religion.

Les grandes découvertes

1488 Bartholomé Diaz passe le cap de Bonne-Espérance.

12 oct. 1492 **Christophe Colomb** découvre le Nouveau Monde. (Ile Watling aux Bahamas.)

1494 Traité de Tordesillas (l'Espagne et le Portugal se partagent le Nouveau Monde).

1496 John Cabot découvre le Labrador.

1497 Vasco de Gama vogue vers les Indes.

1500 Cabral découvre le **Brésil**.

1519-1521 **Cortez** conquiert le Mexique. (Assassinat de Moctezuma.)

1521 Première circumnavigation (Magellan).

1531 **Pizarre** conquiert les royaumes aztèque et inca. (Assassinat d'Atahualpa.)

1545 Jacques Cartier découvre le **Canada**.

1550 **Réception de Brésiliens à Rouen**.

1555 **Villegagnon** établit sa colonie au Brésil (il est accompagné d'André Thévet).

1562 Montaigne rencontre « ses » *Cannibales*.

1582 Dernière expédition française au **Brésil.** (La France est vaincue à la bataille de Terceire, Açores.)

1588 Défaite de l'Invincible Armada.

Littérature

1516 L'*Utopie* de T. More.

1532 Rabelais : *Pantagruel.*

1534 Rabelais : *Gargantua.*

1539 Marot traduit les *Psaumes.*

1546 Rabelais : Le *Tiers Livre* 1546 : Marguerite de Navarre : l'*Heptameron.*

1549 Du Bellay : *Defense et illustration de la langue française.*

1552 Rabelais : le *Quart Livre.*

Las Casas : ***Très brève relation de la destruction des Indes.***

1557 Thévet : ***Singularités de la France Antarctique***.

1562 Ronsard : *Discours des Misères de ce temps.*

1564 Rabelais : *le Cinquième Livre.*

1575 Thévet : ***Cosmographie universelle***.

1577 A. d'Aubigné : *Les Tragiques.*

1578 J. de Léry : ***Histoire d'un voyage au Brésil***.

1583 Robert Garnier : *Les Juives.*

1588 Montaigne : « **Des coches** ».

1597 J. de Sponde : *Sonnets sur la mort.*

La mort est toute proche, à laquelle il s'était depuis longtemps préparé, comme le terme d'un long voyage. Il expire le 13 septembre 1592, sur ses terres, lui qui, s'il avait eu à choisir aurait préféré mourir « plustost à cheval que dans un lict, hors de [sa] maison et esloigné des [siens] » (Liv. III, chap. IX, p. 956)[1].

---

1 En fait, comme le rappelle H. FRIEDRICH, on connaît deux lettres qui relatent la fin de Montaigne : celle de Pierre de Brach et celle d'Étienne Pasquier (*op. cit.*, p. 314). Quoique de façon différente, elles font ressortir la sérénité qui fut celle de Montaigne à ce moment.

L'ŒUVRE DANS TOUS SES ÉTATS

GENÈSE DE L'ŒUVRE

Contre la mélancolie

C'est au début du chapitre VIII du *Livre II* intitulé « de l'affection des pères aux enfants », que Montaigne expose à Madame d'Estissac les raisons pour lesquelles il a commencé à écrire :

> C'est une humeur melancolique, et une humeur par consequent tres ennemie de ma complexion naturelle, produite par le chagrin de la solitude en laquelle il y a quelques années que je m'estoy jetté, qui m'a mis premierement en teste cette resverie de me mesler d'écrire. (p. 364)

Cette solitude, c'est sans doute celle à laquelle l'a réduit la mort d'Étienne de La Boétie. La disparition, le 18 août 1563, de ce dernier, laisse Montaigne comme privé d'une part de lui-même. Il évoque les derniers instants de son ami du Parlement de Bordeaux dans une lettre adressée à son père. Il en rapporte les paroles, le trouble devant la mort qui approche et le plonge « dans une confusion de toutes choses », dans laquelle il dit « n'avoir rien veu qu'une espesse nüe, & brouillart obscur, dans lequel tout estoit pesle-mesle, & sans ordre » (« Fragment d'une lettre », p. 1349). Pourtant, c'est dans la plus grande sérénité qu'Étienne de La Boétie règle les dernières affaires privées qui le rattachent encore au monde. À son oncle et à sa femme, il lègue ses biens. Et se tournant vers Montaigne :

> Mon frere [...] que j'ayme si cherement, & que j'avois choisy parmy tant d'hommes, pour renouveller avec vous ceste vertueuse & sincère amitié, de laquelle l'usage est par les vices dés si long temps esloigné d'entre nous [...]. Je vous supplie pour signal de mon affection envers vous, vouloir estre successeur de ma Bibliothèque & de mes livres, que je vous donne : present bien petit, mais qui part de bon cœur : & qui vous est convenable pour l'affection que vous avez aux lettres. (*Op. cit.*, p. 1352)

Cette mort, toute de courage et de dignité, prive non seulement Montaigne d'un ami irremplaçable, mais le laisse comme abandonné à lui-même. Dans sa bibliothèque il associe la décision de se retirer du monde à son désir de perpétuer la mémoire de son ami :

> Michel de Montaigne, voulant consacrer le souvenir de ce mutuel amour, par un témoignage unique de sa reconnaissance, et ne pouvant le faire de manière qui l'exprimât mieux, a voué à cette mémoire, ce studieux appareil dont il fait ses délices. (Liv. II, chap. VIII, p. 364)

Ainsi Montaigne entre-t-il en écriture[1], avec pour entreprise de se peindre lui-même : « [...] je me suis présenté moy-mesmes à moy, pour argument et pour subject » (Liv. II, chap. VIII, p. 364). Il se propose de faire rentrer dans le droit chemin ses esprits qui, « si on ne les occupe à certains sujets, qui les bride et les contreigne, ils se jettent desreiglez, par-cy par là, dans le vague champ des imaginations » (Liv. I, chap. VIII, p. 33).

L'écrivaillerie

Montaigne sait pourtant mieux que quiconque la vanité de cette « écrivaillerie ». Elle semble être « quelque simptome d'un siècle desbordé » qui n'est autre que le sien. La forme même de ses *Essais* ne lui fait espérer aucune postérité durable. Tout au plus accorde-t-il à son œuvre une « espérance de vie bien réduite » :

> Si ç'eust esté une matiere de durée, il l'eust fallu commettre à un langage plus ferme. Selon la variation continuelle qui a suivy le nostre jusques à cette heure, qui peut espérer que sa forme presente soit en usage, d'icy à cinquante ans ? (Liv. III, chap. IX, p. 960-961)

En se retirant dans sa librairie, ce lieu de refuge, « cette arrière-boutique, » l'écrivain s'est entouré de sentences* tirées des auteurs antiques redécouverts depuis les débuts de la Renaissance. Sauf une seule, aucune d'entre-elles n'a été écrite du temps de Montaigne. La plupart de ces sentences* affirment la vanité du savoir et de toute entreprise intellectuelle.

---

1 « Il existe donc un lien étroit entre le projet d'écriture qui est celui de Montaigne, et son désir de célébrer les obsèques de La Boétie pour l'éternité » (M. RIGOLOT, *Les métamorphoses de Montaigne*, p. 28). Cf. aussi H. FRIEDRICH, *op. cit.*, p. 53. Pour G. DEFAUX (*Marot, Rabelais, Montaigne, l'écriture comme présence)*, on ne peut parler de « tombeau de La Boétie », comme l'avait fait M. BUTOR dans *Essais sur les Essais*, p. 31 : « En fait, La Boétie continue de vivre [...] dans le livre de Montaigne » (G. DEFAUX, *op. cit.*, p. 219).

Plus encore, elles concluent à l'impuissance dans laquelle nous sommes de découvrir la vérité. Ainsi environné, Montaigne se retrouve-t-il avec lui-même, au milieu de ses livres, comme seul objet de son étude.

La lecture

Montaigne nourrit d'abord sa réflexion de nombreuses lectures. Ses goûts sont éclectiques*. Il juge le *Decameron* de Boccace, l'œuvre de Rabelais et les *Baisers* de Jean Sebond plaisants, « dignes qu'on s'y amuse ». Il place en premier les auteurs anciens : Virgile, pour ses *Géorgiques,* et l'*Énéïde* dont le cinquième Livre lui paraît atteindre la perfection ; Lucain aussi, qu'il pratique non pas tant pour son style que pour la vérité de ses opinions et jugements. C'est l'un de ses auteurs favoris. Térence, Catulle, Horace figurent parmi ses préférés. Les livres qui s'accordent le mieux à son caractère sont ceux de Plutarque et de Sénèque. Il en donne la raison :

> Ils ont tous deux cette notable commodité pour mon humeur, que la science que j'y cherche y est traictée à pieces décousues [...]. Il ne faut pas grande entreprinse pour m'y mettre ; et les quitte où il me plait. (Liv. II, chap. X, p. 392)

Cicéron, bien qu'il trouve sa façon d'écrire « ennuyeuse », lui est « utile », car, « [il] ne cherche aux livres qu'à [s']y donner du plaisir par un honneste amusement ; ou s'[il] estudie, [il] n'y cherche que la science qui traicte de la connaissance de [soy] mesmes, et qui [l]'instruise à bien mourir et à bien vivre [...] » (*op. cit.,* p. 388).

L'histoire

Montaigne se consacre aussi à l'histoire. Il procède de la même manière, « [...] feuillet[ant] sans distinction toutes sortes d'autheurs, et vieils et nouveaux, et barragouins et François, pour y apprendre les choses dequoy diversement ils traictent » (Liv. II, chap. X, p. 396). César, particulièrement, retient son attention. L'homme en lui-même, et la grandeur de ses actes touchent son imagination ; mais c'est aussi « la pureté et inimitable polissurede son langage qui a surpassé [...] tous les Historiens » (*ibid.*)[1].

Parmi les Modernes, Montaigne montre une prédilection pour Bodin, Guicciardin, Philippe de Commines, et Guillaume du Bellay. Chez chacun d'eux, il apprécie le beau langage. Il pratique donc ces auteurs avec la plus grande assiduité, abandonnant toutefois sans regret un livre s'il ne lui apporte plus rien. Sachant sa mémoire infidèle, il « barbouille » les marges de ses ouvrages d'innombrables notes. À la fin de ceux qu'il ne veut lire qu'une fois, il rédige son avis et quelques jugements qui lui permettraient d'en retrouver facilement la teneur. Il constitue ainsi un impressionnant corpus qui alimente ses *Essais*.

Les citations

Ces derniers, constitués de ses propres inventions, sont donc soutenus par les voix de ses illustres prédécesseurs. Il y fait souvent appel, sous forme de citations qui apportent comme une caution d'authenticité à sa réflexion. Par exemple, devant la réalité insoutenable de l'anthropophagie des Brésiliens, Montaigne commence par convoquer quelques exemples pris à l'histoire récente. Ce sont ceux des guerres de religion ou, sous « pretexte de pieté » (Liv. I, chap. XXXI, p. 208), on dévore son voisin, son concitoyen. Le fait demande à être confirmé. Montaigne fait alors appel aux opinions réunies de Chrysippe et de Zenon. L'Histoire, en l'occurrence celle de la Guerre des Gaules, montre que cette pratique devient inévitable dans les conditions extrêmes du siège d'une ville :

> [...] comme nos ancestres, estans assiegez par Cæsar en la ville de Alexia, se résolurent de soustenir la faim de ce siège par les corps des vieillars, des femmes, et autres personnes inutiles au combat. *(Ibid.)*

Puisant dans l'œuvre de César, Montaigne prouve ainsi que ce « cannibalisme » de circonstance n'est pas le fait de la seule et inaccessible société du Nouveau Monde. Il l'inscrit dans le fil continu d'un vécu qui, des Gaulois jusqu'au XVIe siècle, en démontre la permanence. Ainsi, les deux mondes anthropophages, séparés géographiquement par l'océan, se

---

1 Sa période de prédilection s'étend « d'Hérodote et Platon aux historiens du IVe siècle après J.-C. » (H. FRIEDRICH, *op. cit.*, p. 43).

trouvent-ils réunis par la référence à l'histoire[1]. En quelques lignes, il rapproche passé et présent ; quelques mots plus loin encore, une citation prise chez Juvénal, ajoutée dans l'édition de 1588, abolit définitivement la distance : « Vascones, fama est, alimentis talibus usi / Produxere animas » (*ibid.*) (On dit que les Gascons par de tels aliments / Ont prolongé leur vie ; traduction, *in* La Pléiade, p. 1494). Prendre l'exemple des Gascons n'est évidemment pas fortuit. L'auteur inscrit cette barbarie dans son voisinage immédiat. Il lave ainsi les Brésiliens d'une faute qui paraissait impardonnable. Dans ce cas précis, la citation nous renvoie à notre propre reflet.

Le portrait de soi-même

Dans son *Essai,* « De la Præsemption » (Liv. II, chap. XVII), Montaigne développe cette peinture de lui-même qu'il proposait au lecteur dès l'Avertissement. Il se souvient que, dès son enfance, on avait remarqué en lui une certaine propension à la fierté. Elle tenait essentiellement à sa façon d'être, à quelques gestes et attitudes qui en trahissaient la présence. Ainsi, « c'estoit une certaine affetterie consente de sa beauté, qui faisoit un peu pancher la teste d'Alexandre sur un costé [...] » (p. 616). Devant ces mouvements imperceptibles du corps, on ne peut rien. Quant à ceux de l'âme qui révèlent la trop grande estime que l'on a de soi-même, Montaigne essaie de les corriger. La philosophie, et principalement « [...] les opinions [...] qui nous mesprisent, avilissent et aneantissent le plus » (p. 617) l'aident dans cette entreprise.

C'est donc sans complaisance aucune qu'il peint son portrait, tout d'abord physique : « Or je suis d'une taille un peu au dessoubs de la moyenne » (p. 623). Il s'agit pour lui d'un « défaut » qui « n'a pas seulement de la laideur, mais encore de l'incommodité » *(ibid.).* Il le prive du seul avantage qui fait la beauté des hommes, et qu'aucune autre qualité ne saurait racheter.

S'il présente sa santé comme « forte et allègre », c'est en souvenir du passé. Âgé de plus de quarante ans lorsqu'il écrit cet Essai, Montaigne sait maintenant s'être engagé « dans les avenües de la vieillesse » :

---

1 Les « types » d'anthropophagie sont cependant différents. En effet, le cannibalisme des Gaulois prend place dans le contexte d'une ville assiégée, tandis que celui des Brésiliens se pratique à l'échelle d'un pays entier. (Cf. l'analyse de F. LESTRINGANT, in *Le Cannibale,* p. 174).

> Ce que je seray doresenavant, ce ne sera plus qu'un demy estre, ce ne sera plus moy. Je m'eschape tous les jours, et me desrobbe à moy [...]. (p. 625)

Pour le reste, il semble, d'après lui, qu'il ne dispose d'aucune facilité :

> De la musique, ny pour la voix que j'y ay très-inepte, ny pour les instrumens, on ne m'y a jamais sceu rien apprendre. A la danse, à la paume, à la lutte, je n'y ay peu acquerir qu'une bien fort legere et vulgaire suffisance ; à nager, à escrimer, à voltiger et à sauter, nulle du tout. Les mains, je les ay si gourdes que je ne sçay pas escrire seulement pour moy : de façon que, ce que j'ay barbouillé, j'ayme mieux le refaire que de me donner la peine de le démesler ; (c) et ne lis guere mieux. Je me sens poiser aux escoutans. (*Ibid.*)

Montaigne n'a donc pour lui aucune de ces qualités qui seraient celles d'un homme de son temps. Aucun don dispensé par la nature, aucune facilité particulière pour apprendre. Tout le monde lui est supérieur en tout, quel que soit le domaine. Mais on peut se demander s'il le regrette vraiment.

Dans ce long paragraphe dépréciatif, l'expression « nulle du tout » constitue le point de convergence du portrait. Elle résume cette « médiocrité » dont Montaigne fait preuve à la danse, au jeu de paume, à la lutte, à la nage, à l'escrime, à la voltige. Dans cette énumération, ces activités physiques — mondaines pour certaines d'entre elles — sont ramenées à l'état de mouvements presque mécaniques. La discipline qu'elles impliquent, l'art qu'elles représentent — absents — prennent ainsi l'apparence d'une vaine agitation, dans laquelle Montaigne ne peut se reconnaître. Pourquoi alors revendiquerait-il la parfaite maîtrise de cette sorte particulière de désordre ?

En 1595, dans l'édition posthume, on trouve une addition à ce portrait : il ne sait « (c) ny equipper un cheval de son harnois, ny porter à poinct un oiseau et le lascher, ny parler aux chiens, aux oiseaux, aux chevaux » *(ibid.)*. Elle confirme de nouvelles incapacités. Montaigne ne s'entend pas à ces pratiques qui sont celles d'un gentilhomme de son rang, mais aussi aux autres, plus légères, qui consistent à savoir parler aux chiens, aux oiseaux, aux chevaux. Pourtant, c'est précisément grâce à la reconnaissance de ses inaptitudes que Montaigne peut se présenter dans son originalité.

La singularité

Ils lui permettent de s'affirmer dans une certaine singularité[1]. Il se démarque d'abord de la figure toujours présente de son père dont personne n'égalait la condition physique. Quand, plus tard, il en viendra à l'évocation des affaires publiques, il accentuera la distance qui sépare la manière dont son père assumera sa mairie, et la sienne. Il ne se donnera pas entièrement à ses obligations, il ne s'y abandonnera jamais tout à fait.

Montaigne continue son portrait en se plaignant avec une certaine insistance de sa mémoire. C'est dans la mesure où il lui faut contraindre son esprit qu'elle lui fait le plus souvent défaut. Il rattache son fonctionnement à celui du corps :

> [...] les membres qui ont quelque liberté et jurisdiction plus particulière sur eux, me refusent par fois leur obeyssance, quand je les destine et attache à certain point et heure de service necessaire. (*Op. cit.*, p. 633)

Toute contrainte semble perturber un bon fonctionnement mental et physique qui, autrement, va de soi. Trois exemples illustrent cette idée. La première — en fait une addition de 1578 — se rapporte à Montaigne. Un jour, invité à boire, il essaie « [...] de faire le bon compaignon en faveur des dames qui estoyent de la partie [mais] cette menasse et preparation d'avoir à m'efforcer outre ma coustume et mon naturel, m'estoupa de maniere le gosier, que je ne sçeuz avaller une seule goutte [...] » *(ibid.)*. Le deuxième montre un archer, condamné à mort, à qui l'on accorderait sa grâce à condition de donner la preuve de son art. Il refuse, craignant non seulement de perdre la vie, mais plus encore sa réputation. Car sa volonté, obligeant sa main, ne pourrait dans ces conditions que lui faire manquer la cible. Enfin, abandonnant ces exemples de circonstance, Montaigne revient à l'Homme. Dans son geste le plus simple, dans son mouvement le plus fondamental, celui des pas qu'il fait en se promenant, il n'est aucun besoin d'imposer le moindre ordre à la marche. On peut même « penser ailleurs ». Mais qu'on vienne à mesurer la quantité de ses pas, à évaluer la distance parcourue, on s'apercevra qu'on ne pourra recréer à dessein la perfection du rythme naturel.

---

1 « Le moi s'aperçoit, dès lors, par sa distance et sa disparité ; et il choisit pour thème de son discours cette différence. » (H. FRIEDRICH, *op. cit.*, p. 84)

Tout semble donc devoir échapper à la mémoire infidèle de Montaigne et notamment l'idée qui lui traverse l'esprit, mais qui n'y demeure pas assez pour qu'il ait le temps de se rendre à sa bibliothèque. Dans l'exercice de l'écriture, cette défaillance de la mémoire lui sert de prétexte : « Qui voudroit sçavoir d'où sont les vers et exemples que j'ay icy entassez, me mettroit en peine de le luy dire […] » (*op. cit.*, p. 635). De la même façon que son portrait physique résultait de la somme de ses incapacités avouées, la faiblesse de sa mémoire concerne non seulement ses acquisitions intellectuelles, mais sa production même : « […] ma memoire desempare ce que j'escry comme ce que je ly, et ce que je donne comme ce que je reçoy » (*ibid.*).

Le degré zéro de la connaissance

Aux jeux de l'esprit, Montaigne ne montre pas davantage de dispositions. Il n'en comprend, comme il le dit, que « les plus grossiers traicts », et encore, avec une certaine lenteur. Il ne maîtrise pas davantage les affaires ménagères :

> [il] ne sçay la difference de l'un grain à l'autre, ny en la terre, ny au grenier […] ; ny à peine celle d'entre les choux et les laictues de [son] jardin. [Il] n'enten[d] pas seulement les noms des premiers outils de mesnage, ny les plus grossiers principes de l'agriculture, et que les enfants sçavent […]. Et, puis qu'il [lui] faut faire la honte toute entiere, il n'y a pas un mois qu'on [le] surprint ignorant dequoy le levain servoit à faire du pain, (c) et que c'estoit que faire cuver du vin. (*Op. cit.*, p. 636)

Cette dernière addition renforce le tableau de son ignorance. Il se place volontairement en deçà du savoir d'un enfant, comme en marge de la société dont il feint du reste de méconnaître les fondements de l'économie (« […] la pluspart de nos monnoyes, je ne les connoy pas […] » (*ibid.*)). Il prétend de même ignorer la nature et l'usage des produits de consommation courants (le pain, le vin).

À le lire, on pourrait croire qu'il y a quelque vanité de la part de Montaigne à se présenter sous ce jour au lecteur. En effet, l'amplification de ses incapacités — au fil des éditions — semble tenir de l'artifice. De ce fait, un tableau si pleinement négatif paraît comme l'expression d'une trop grande estime de soi. Pourtant, Montaigne prend soin de nous le rappeler :

> [...] il est bien difficile, ce me semble, que aucun autre s'estime moins, voire que aucun autre m'estime moins, que ce que je m'estime. (*Op. cit.*, p. 618)

Aucune raison de douter de sa sincérité. Par le biais du portrait dépréciatif qu'il entreprend, Montaigne se dispense — sans regret — de tout savoir insignifiant. Au fil du texte, il se défait un à un de ces vêtements qui ne montreraient de lui-même qu'un masque de convention. Les disciplines physiques dont il se défend de posséder la parfaite maîtrise sont l'aboutissement d'un apprentissage, obligé donc. En se rapprochant du degré zéro de la connaissance, Montaigne se délivre de toutes les formes accessoires du paraître. Ainsi, satisfait-il pleinement à son projet initial dont il avertissait le lecteur :

> Je veux qu'on m'y voie en ma façon simple, naturelle et ordinaire, sans contantion et artifice [...]. Mes defauts s'y liront au vif, et ma forme naïfve, autant que la reverence publique me l'a permis. (p. 9)

Se dépouiller de toute capacité qui soit le fruit d'un quelconque savoir, de toute occupation mondaine, s'alléger de toute mémoire permet à Montaigne de toucher à l'être : « c'est moy que je peins ».

Certes, ce projet peut passer pour condamnable, depuis que la tradition veut qu'il y ait vanité à parler de soi. Mais Montaigne, sait trop la petitesse de sa condition :

> Si quelcun s'enyvre de sa science, regardant souz soy : qu'il tourne les yeux au-dessus vers les siecles passez, il baissera les cornes, y trouvant tant de milliers d'esprits qui le foulent aux pieds. (Liv. II, chap. VII, p. 360)

La connaissance de soi à laquelle Montaigne s'essaie n'a rien de la vanité, car elle procède du même principe que la recherche socratique.

Le parcours de l'écriture

Montaigne s'y emploie à travers « l'essay de ses facultés ». Dans « De la vanité », il engage un dialogue avec un interlocuteur qui s'enquiert des raisons qui le poussent à prendre la route. Son désir de fuir les préoccupations ménagères, celui d'aller au-devant des nouveautés suffisent à sa réponse. Il repousse ainsi une à une les objections — teintées de reproches — qu'on ne manque pas de lui faire, les questions dont on le presse :

> « Mais en tel aage, vous ne reviendrez jamais d'un si long chemin ? » Que m'en chaut-il ! Je ne l'entreprends ny pour en revenir, ny pour le parfaire [...] (Liv. III, chap IX, p. 955)

Mourir loin des siens ne l'inquiète pas, car « cette partie n'est pas du rôle de la société ; c'est l'acte à un seul personnage ». Le voyage l'entraîne donc sur une route qui, si elle doit l'amener à la mort, le ramène avant tout à lui-même. L'écriture se fait alors pérégrination.

Dans leur mouvement, le voyage et la pensée se rejoignent. Ainsi Montaigne préférera-t-il toujours le chemin sinueux à la ligne droite.

> S'il faict laid à droicte, je prends à gauche ; si je me trouve mal propre à monter à cheval, je m'arreste [...]. Ay-je laissé quelque chose à voir derrière moy ? J'y retourne ; c'est toujours mon chemin. Je ne trace aucune ligne certaine, ny droicte, ny courbe. (*Op. cit.*, p. 963)

Comme sur la route, il laisse libre cours dans ses *Essais* à ses « fantaisies ». Les exemples de Platon et de Plutarque le confortent du reste dans cette façon de faire :

> [...] voyez ces alleures au *Dœmon de Socrates*. O Dieu, que ces gaillardes escapades, que cette variation a de beauté, et plus lors que plus elle retire au nonchalant et fortuite ! (*Op. cit.*, p. 973)

Qu'elle soit entreprise en pays étranger, ou qu'elle soit celle de la pensée, cette métaphore fait se rejoindre et se confondre les deux espèces de cheminements. À quelques pages d'intervalle, la façon dont le corps de Montaigne voyageur s'inscrit dans le paysage à découvrir trouve un écho dans la manière dont se développe sa pensée :

> Je vais au change, indiscrettement et tumultuairement. Mon stile et mon esprit vont vagabondant de mesmes. (*Ibid.*)

L'Essai

S'il est vrai que l'indiligent lecteur se perd parfois en chemin, c'est sans doute — il le reconnaît lui-même — que la façon de l'essai[1] en est un peu nouvelle et hors d'usage (*op. cit.*, p. 958). En effet, Montaigne se propose de « mettre en rolle les chimères et monstres fantastiques » qu'enfante son esprit. L'essai apparaît comme l'expression de la personnalité profonde

1 Montaigne est le premier à intituler son œuvre *Essai*. Bien davantage qu'un *titre*, c'est l'expression d'une *méthode*.

de l'auteur. Le bestiaire de l'imaginaire qu'il nous propose renvoie à la nature insaisissable de la pensée. Les « chimères » représentent la diversité et la multiplicité des formes qu'elle peut prendre ; les « monstres », auxquels Montaigne associe l'adjectif « fantastique », nous invitent à nous tourner vers les régions les plus secrètes de l'inconscient[1]. Sa pensée est « monstrueuse » dans la mesure où elle semble échapper aux règles établies. Ainsi, les titres des chapitres ne correspondent-ils pas forcément — du moins en apparence — au sujet développé. L'auteur le sait, qui « entend que la matière se distingue soy-mesmes ». Les « cannibales » et les « coches » constituent un bon exemple de cette distance qui semble séparer le titre du sujet de l'*Essai*. En effet, si Montaigne, traite bien au chapitre XXXI des anthropophages du Brésil, c'est finalement pour montrer que cette pratique n'a rien de barbare, du moins dans son contexte. Dans le chapitre VI du *Livre III*, les « coches » occupent une part minime du développement. Cependant, par l'évocation de ce moyen de transport, l'auteur imprime à son *Essai* un mouvement qui le mène, à partir de son expérience personnelle, des splendeurs antiques aux confins du Nouveau Monde. Le mot « coche » apparaît au début de l'*Essai*, et aussi, de manière « acrobatique », à la fin. Il clôture ainsi un voyage douloureux, d'abord pour Montaigne qui n'en supporte pas les soubresauts, et ensuite pour les Indiens, dont l'univers se trouve entraîné tout entier dans le déséquilibre et enfin dans la chute :

> Retombons à nos coches. En leur place, et de toute autre voiture, ils se faisoient porter par les hommes et sur leurs espaules. Ce dernier Roy du Peru, le jour qu'il fut pris, estoit ainsi porté sur des brancars d'or [...]. Autant qu'on tuoit de ces porteurs pour le faire choir à bas [...], autant d'autres, et à l'envy, prenoient la place des morts [...], jusques à ce qu'un homme de cheval l'alla saisir au corps, et l'avalla par terre. (p. 894)

Bien qu'il emploie le mot dès son avertissement au lecteur, *Les Essais* ne sont pas pour Montaigne un « livre » au sens où on le conçoit ordinairement. Dans son principe, l'essai ne tend pas vers un achèvement qui en clôturerait le cheminement. Il est le lieu d'une découverte sans cesse renouvelée. Chaque jour, Montaigne y expérimente le rapport de l'homme et du monde. C'est avant tout le sien propre.

---

1 « Pourtant les Essais n'ont rien d'un répertoire de fantasmes. [...] L'image dominante n'est pas celle du cauchemar, mais celle de l'errance : d'une idée à l'autre, d'un sujet à l'autre, « sans ordre et sans propos ». » Cf. A. TOURNON, *Montaigne en toutes lettres*, p. 65.

Son patient « apprivoisement » de la mort en est l'un des meilleurs exemples. Montaigne est passé très près d'elle. L'approchant, il l'a reconnue. Il nous raconte lui-même sa mésaventure. Pendant la troisième guerre civile, il se promenait à cheval. L'un de ses gens, voulant faire le « hardy » devant ses compagnons, lui-même monté sur un puissant roussin, heurte violemment Montaigne, le désarçonne. « Cet incident » lui offre l'occasion d'analyser chacune des phases de son difficile retour à la vie. Ses premières pensées ne l'y ramènent pas encore. La vue qu'il recouvre est encore toute troublée, son visage maculé de sang. L'idée lui vient alors qu'il a été touché par un tir d'arquebuse, mais son esprit n'en demeure pas moins « alangui » : « Il me sembloit que ma vie ne me tenoit plus qu'au bout des lévres [...] » (Liv. II, chap. VI, p. 354). Il compare son état à celui qui précède le sommeil, lorsqu'on s'y abandonne insensiblement. Ce moment lui semble « non [...] exempte de desplaisir » *(ibid.)*. Ensuite, il s'étonne des mouvements de son corps que sa volonté ne commande pas. On le mène enfin en sa chambre où il peut goûter au repos, sans revenir toutefois entièrement à lui.

S'il consacre une bonne part du chapitre VI du *Livre II* à cet événement, ce n'est pas parce qu'il croit à son importance, c'est qu'il en tire une leçon : « [...] pour s'aprivoiser à la mort, je trouve qu'il n'y a que de s'en avoisiner » (p. 357). L'*Essai* se présente comme la mise en forme d'une expérience que Montaigne vit dans son corps même. Il s'y écrit tout entier, tel qu'il est : « A mesme que mes resveries se presentent, je les entasse [...] » (Liv. II, chap. X, p. 388).

L'allure vagabonde

L'*Essai* apparaît donc comme une tentative pour mettre en forme les « cogitations » de son auteur. Pour Montaigne, il s'agit d' « une espineuse entreprinse [que] de suyvre une alleure si vagabonde que celle de nostre esprit ; de penetrer les profondeurs opaques de ses replis internes ; de choisir et arrester tant de menus airs de ses agitations » (Liv. II, chap VI, p. 358). L'*Essai* est, par principe, animé de la dynamique de la pensée. Montaigne peut y sonder son être, il peut en mettre en lumière les pans cachés. Surtout, le temps d'un mot, le temps d'une phrase, il en capture la nature fluctuante, avant qu'elle ne lui échappe tout à fait. L'*Essai* suit le parcours de l'auteur, il en prend les multiples visages, comme Montaigne lui-même peut être différent d'un âge à l'autre, jamais tout à fait semblable.

On ne trouvera donc aucun portrait définitivement établi. L'*Essai* se découvre lui-même dans l'expression de ce sentiment de précarité qui habite tous les hommes de la fin du XVIe siècle :

> (a) J'ay tousjours une idée en l'ame (c) et certaine image trouble, (a) qui me presente (c) comme en songe (a) une meilleure forme que celle que j'ay mis en besongne, mais je ne la puis saisir et exploiter. (Liv. II, chap XVII, p. 620)

Malgré la difficulté de la tâche, la pensée — un songe — prend la forme que Montaigne lui donne dans l'instant. Mais cet instant n'a rien de d'irréductiblement figé. Régénéré par une relecture, il donne à la pensée une forme nouvelle. Ironie peut-être, Montaigne qui s'est appliqué sa vie durant à en parfaire la précision, en affirme au bout du compte le caractère proprement insaisissable[1].

Les additions

L'image de Montaigne écrivant est celle d'un artisan, n'ayant jamais fini de travailler la matière de son œuvre. De considérables additions augmentent ainsi le volume des premières éditions. D'une manière générale, elles marquent l'approfondissement de sa réflexion. « J'adjouste, dit-il, mais je ne corrige pas » (Liv. III, chap. IX, p. 941). Dans les exemplaires des *Essais* annotés par lui, on s'aperçoit du travail qu'il accomplit dans l'espace des marges. Il en noircit la superficie offerte d'une écriture serrée qui bien souvent, en regard, double quasiment le texte imprimé originel d'un prolongement manuscrit. Au fil du temps, l'*Essai* est parcouru par un mouvement de relecture qui en amplifie le volume. Le texte est ainsi constitué de « strates » qui viennent s'imbriquer les unes dans les autres. Dans les éditions modernes, on différencie les états successifs du texte par la lettre a), pour l'édition de 1580, la lettre b) pour celle de 1588, et enfin par la lettre c), pour celle de 1595 (ou par les repères /, //, ///).

Affiner la pensée

Montaigne justifie la présence de ces additions par un souci « commercial ». Pour « Que l'acheteur ne s'en aille les mains du tout vides,

---

1 « [C'est] le moment par excellence où se goûte [ou s'essaie] la saisie du moi au seuil même de l'altérité ; [...] le moment enfin où s'éternise ce « passage » sur la page. » (H. FRIEDRICH, *op. cit.*, p. 191)

je me donne loy d'y attacher [...] quelque embleme supernuméraire » *(ibid.)*. On l'a compris, il ne s'agit là que d'un prétexte, et la forme imprimée n'est qu'une commodité.

> Tout le commerce que j'ay en cecy avec le publiq, c'est que j'emprunte les utils de son escripture, plus soudaine et plus aisée. [...] il m'a fallu jetter en moule cette image, pour m'exempter la peine d'en faire faire plusieurs extraits à la main. (Liv. II, chap. XVIII, p. 647)[1]

En fait, ces additions correspondant au besoin d'affiner une pensée dont le champ reste toujours ouvert. Une pensée fluctuante, à l'image de l'auteur, en constante évolution :

> Ce ne sont que surpoids, qui ne condamnent point la premiere forme, mais donnent quelque pris particulier à chacune des suivantes par une petite subtilité ambitieuse. (Liv. III, chap. IX, p. 941)

Au début des « cannibales », après avoir rejeté en bonne logique l'idée qu'une terre ne peut avoir reculé de douze cents lieues, sous l'effet d'une inondation, Montaigne certifie néanmoins l'existence de pareils phénomènes :

> (b) Il semble qu'il y aye des mouvemens, (c) naturels les uns, les autres (b) fievreux, en ces grands corps comme aux nostres. (Liv. I, chap. XXXI, p. 201)

Grâce aux brèves additions, Montaigne retravaille la phrase qui rend alors mieux compte de cette dynamique souterraine.

Souvent aussi, l'addition, constituée d'une référence à une lecture récente, complète une donnée historique. À propos de l'armée des Brésiliens :

> (a) « Je ne sçay , dit [le Roy Pyrrhus], quels barbares sont ceux-ci (car les Grecs appelloyent ainsi toutes les nations estrangieres), mais la disposition de cette armée que je voy n'est aucunement barbare. » Autant en dirent les Grecs de celle que Flaminius fit passer en leur païs, (c) et Philippus, voyant d'un tertre l'ordre et distribution du camp Romain en son royaume [...]. (a) Voylà comme il faut garder de s'atacher aux opinions vulgaires [...]. (*Op. cit.*, p. 200)

L'allusion au regard de Philippus porté sur le camp romain est extraite de l'*Histoire romaine* de Tite-Live. S'ajoutant à la première anecdote

---

1 À propos de la deuxième partie de la citation, voir p. 1596 (dans « Notes et variantes »).

empruntée à la *Vie de Flaminius*, de Plutarque, elle confère un poids supplémentaire au témoignage de l'Histoire sollicité par Montaigne.

À la fin de son *Essai* XXXI, il s'emploie à tempérer la réaction probable de ses contemporains devant la polygamie des Brésiliennes :

> (c) Les nostres crieront au miracle ; ce ne l'est pas ; c'est une vertu proprement matrimoniale, mais du plus haut estage. Et, en la Bible, Lia, Rachel, Sara et les femmes de Jacob fournirent leurs belles servantes à leurs maris, et Livia seconda les appetits d'Auguste, à son interest ; et la femme du Roy Dejoratus, Stratonique, presta non seulement à l'usage de son mary une fort belle jeune fille de chambre qui la servoit, mais en nourrit soigneusement les enfans [...]. (p. 211)

L'exemple de Lia, Rachel et Sara tiré de l'Histoire Sainte, relayée par les Pères de l'Église, en l'occurrence Saint-Augustin, revêt en un premier temps un caractère irréfragable*, qui ne prête pas davantage à la contestation qu'à la critique. Par la même occasion, Montaigne met côte à côte l'*Ancien Testament* et le Nouveau Monde. Ce faisant, il relativise une pratique jugée inacceptable par les hommes de son temps et de sa culture.

Mais il arrive aussi que l'addition extraie la réflexion de tout contexte historique. Le courage des Brésiliens encore une fois, amène Montaigne à analyser cette vertu, non seulement chez les Hongres (*op. cit.*, p. 209), mais dans le cœur de l'homme en général :

> Celuy qui tombe obstiné en son courage, (c) « si succiderit, de genu pugnat » ; (a) qui, pour quelque dangier de la mort voisine, ne relasche aucun point de son asseurance ; qui regarde encores, en rendant l'ame, son ennemy d'une veuë ferme et desdaigneuse, il est battu non pas de nous, mais de la fortune ; il est tué, non pas vaincu.
> (b) Les plus vaillants sont par fois les plus infortunez.
> (*Op. cit.*, p. 210)

Cette addition de 1588 est mise en évidence par la place qu'elle occupe sur la page. Le caractère universel de son contenu apparaît dans la forme de son énonciation. La phrase qui s'articule autour d'un verbe d'état au présent, affirme son caractère de maxime par sa symétrie. L'équilibre qui en résulte l'inscrit dans le texte de manière définitive. Il confère à la réflexion de l'auteur une dimension qui prolonge l'analyse de lui-même. En fait, ce que Montaigne expérimente chaque jour dans l'écriture de ses *Essais,* c'est le rapport de l'homme et du monde. Rien d'étonnant alors à ce que les Indiens, habitants des nouvelles terres découvertes de son temps, y prennent une place de choix.

LES *ESSAIS* AU PROGRAMME DANS L'ŒUVRE

L'apparition du Nouveau Monde dans les *Essais*

C'est dans le chapitre XXX du *Livre I,* intitulé « De la modération », qui précède les « cannibales », que Montaigne évoque pour la première fois le Nouveau Monde : « Et en ces nouvelles terres, descouvertes en nostre aage, pures encore et vierges au pris des nostres [...] » (p. 199). Cette allusion constitue l'aboutissement d'un *Essai* dans lequel Montaigne s'applique à montrer les méfaits de ce qu'il appelle « l'immodération ». Les pratiques religieuses qui consistent « à gratifier au Ciel et à la nature par nostre massacre et homicide » (*ibid.*), font partie de ces excès condamnables. Il en trouve l'exemple dans les mœurs des habitants de ces nouvelles terres : « [...] toutes leurs Idoles s'abreuvent de sang humain, non sans divers exemples d'horrible cruauté ». Empruntant à l'*Histoire Générale des Indes* de Gomara, Montaigne donne des Indiens l'image la plus terrible, celle de sacrificateurs de vies humaines. Il ne cherche pas à éluder la violence de ces pratiques. Au contraire, il se fait même disert* :

> On les brûle vifs, et, demy rostis, on les retire du brasier pour leur arracher le cœur et les entrailles. A d'autres, voire aux femmes on les écorche vifves, et de leur peau ainsi sanglante en revest on et masque d'autres. *(Ibid.)*

Le sacrifice n'épargne personne, et c'est par dizaine de milliers, chaque année, que vieillards, femmes, enfants périssent au nom de quelques idoles. Pourtant, si exigeantes qu'aient été ces dernières, les Indiens vont devoir payer un tribut encore plus lourd à un nouveau dieu. Il s'agit du conquérant du Mexique, Fernand Cortez :

> [...] ces peuples, ayants esté batuz par luy, envoyerent le recognoistre et rechercher d'amitié ; les messagers lui presenterent trois sortes de presens, en cette maniere : « Seigneur, voylà cinq esclaves ; si tu es un Dieu fier, qui te paisses de chair et de sang, mange les, et nous t'en amerrons davantage ; si tu es un Dieu debonnaire, voylà de l'encens et des plumes ; si tu es homme, prens les oiseaux et les fruicts que voyci. (Liv. I, chap. XXX, p. 199-200)

Montaigne ne donne pas au lecteur de son Essai, la réponse de Cortez : on la connaît trop bien.

Le début des « cannibales » procède aussi d'une rencontre entre deux mondes. Le même verbe « reconnaître » est employé, d'abord pour les

Indiens qui vont au devant de Cortez, ensuite pour le roi Pyrrhus qui se porte au devant de l'armée romaine. Il n'y a pas de solution de continuité entre les deux essais. Seulement, à la fin du chapitre XXXI du *Livre I*, les habitants du Nouveau Monde se trouvent en face d'un Dieu dont ils ne savent pas encore la barbarie, tandis que Pyrrhus, lui, ne trouve pas celle que l'on supposait en ses ennemis :

> Voylà comment il se faut garder de s'atacher aux opinions vulgaires, et les faut juger par la voye de la raison, non par la voix commune. *(Ibid.)*

Appréhender l'étrangeté : les conditions

Ainsi, le spectacle des sacrifices humains, toujours présent à l'esprit du lecteur — à condition qu'il ne soit pas « indiligent » — se trouve-t-il inscrit dans une perspective différente. Montaigne prend du recul : après nous avoir confronté directement et sans ménagement à ces cérémonies qu'il qualifie lui-même d'horribles, il nous prépare à les considérer d'un autre point de vue, relatif celui-là. Cette distance lui est permise par le témoignage d' « un homme qui avoit demeuré dix ou douze ans en cet autre monde qui a esté decouvert en nostre siecle » *(ibid.)* et qui « estoit homme simple et grossier, [...] très-fidelle, ou si simple qu'il n'ait pas dequoy bastir et donner de la vray-semblance à des inventions fauces [...] » (*op. cit.*, p. 202). L'authenticité du témoignage est primordiale. Il ne doit pas être corrompu par un jugement lui-même bâti sur des systèmes de références pré-établis. À cette condition, il est possible de saisir l'étrangeté du Nouveau Monde : « Ainsi, je me contente de cette information, sans m'enquerir de ce que les cosmographes en disent » (*op. cit.*, p. 203). L'idéal serait d'appréhender cette nouveauté de la manière la plus directe possible. Mais un premier obstacle se présente, celui du langage. Lorsqu'il n'est pas surmonté, il ne permet pas de penser l'Autre en ses propres termes. Montaigne se heurte précisément à ce genre de difficulté :

> [...] mais j'avois un truchement qui me suyvoit si mal et qui estoit si empesché à recevoir mes imaginations par sa bestise, que je n'en peus tirer guiere de plaisir. (*Op. cit.*, p. 213)

C'est la « bêtise » de l'interprète qui empêche Montaigne d'entrer pleinement en communication avec le roi cannibale.

Le pays des Cannibales

Montaigne connaît donc ce pays par l'intermédiaire de son homme de confiance. Il possède aussi chez lui — dit-on — divers objets exotiques qui lui donnent, au milieu de ses terres bordelaises, une vision concrète du Nouveau Monde. De plus, l'un de ses parents a pris part à l'expédition dirigée par Dominique de Gourgues parti venger Ribault et Laudonnière.

L'histoire des habitants du Nouveau Monde commence véritablement en France dès 1550. On les connaît en effet depuis la fête brésilienne donnée à Rouen à cette époque. On fit venir à l'occasion une quarantaine de « Brésiliens », et l'on reconstitua des scènes de leur vie quotidienne. Les chroniqueurs rapportent que « les uns s'esbatoient à tirer de l'arc aux oyseaulx, si directement éjaculants leurs traicts faits de cannes, jong ou roseau qu'en l'art sagiptaire, ils surpassoient Merionez le Grec et Pandarus le Troyen. Les autres couroient après les guenones, vite comme les Troglodytes après la Sauvagine ; aucuns se balançoient dans leurs licts subtilement tressez de fil de coton attachez chacun bout à l'estoc de quelque arbre ». On le voit dès le début, ces « Brésiliens » s'affirment comme de plus habiles chasseurs que les plus légendaires figures de l'Ancien Monde. Représentée par quelques artistes, cette fête montra aussi des Indiens les caractères les plus exotiques. Montaigne rencontrera « ses » trois cannibales en octobre 1562 à Rouen, et deux ans plus tard, le jeudi 23 mars 1564, on présenta des « Sauvages » à Charles IX lors de son passage dans la ville de Troyes. Il s'agissait de ces fameux Topinambous, habitants de l'actuelle baie de Rio de Janeiro que la France avait découverts lors des expéditions de colonisation lancées à partir de la seconde moitié du XVIe siècle.

La France Antarctique de Villegagnon

C'est l'Amiral de Coligny, au début des guerres de religion, qui poussa les huguenots français à partir vers les côtes du Nouveau Monde. Villegagnon fut le premier d'entre-eux à essayer d'établir une colonie en *France Antarctique*, c'est-à-dire au Brésil. Le 10 novembre 1555, il jeta les fondements d'un village traversé par cinq boulevards et protégé par le fort Coligny. Mais les dissensions entre les chefs de l'expédition et les différents partis religieux en présence eurent tôt fait de miner la colonie.

Une autre expédition, mais cette fois-ci vers la Floride, fut menée par Jean Ribault et René de Laudonnière en 1562. À l'embouchure d'un fleuve qu'ils appelèrent Port-Royal, ils laissèrent une poignée d'hommes. Ceux-ci se révoltèrent et abandonnèrent leur chef. En 1654, Laudonnière était de retour. Reçu amicalement par le cacique* Satouriova, il dut néanmoins faire construire une nouvelle forteresse, la Caroline, qui fut bientôt attaquée par les Indiens. Le 28 août 1565, arrivaient des renforts commandés par Jean Ribault. Finalement, la colonie française fut massacrée par le Portugais P. Menendez de Avila. Devant l'indifférence de Charles IX, c'est le bordelais Dominique de Gourgues qui prit l'initiative de venger Ribault et ses compagnons.

Le dernier essai de conquête du Brésil fut le projet de Catherine de Médicis qui, en même temps qu'elle accordait son soutien à Dom Antonio, prétendant au trône du Portugal, comptait reconquérir le pays des Tupi. La flotte française sera défaite devant Terceire, aux Açores, en juillet 1580.

Entre-temps, la France avait obtenu avec le lointain Nouveau Monde, des relations commerciales. On venait chercher le fameux « bois de Brésil », fort prisé, dans la baie de Rio de Janeiro. C'est là que s'effectuaient les embarquements. On rapportait aussi des animaux exotiques, des perroquets au plumage multicolore dont les indigènes teignaient les plumes au moyen d'un suc de grenouille, les rendant ainsi encore plus éclatants. C'est grâce à ces activités que de nombreux ports de la façade atlantique connurent un essor considérable. Les vaisseaux, caravelles, pataches*, appareillaient vers les Canaries, Madère, les Açores, où l'on refaisait les aiguades ; de là, on mettait le cap vers les Indes Occidentales, ou encore le Canada.

Montaigne découvre le Nouveau Monde

À sa manière, Montaigne part lui-aussi à la rencontre du Nouveau Monde. Sa façon de procéder n'est pas tellement différente de celle des explorateurs. On le sait, ces derniers ne s'aventuraient pas dans des espaces totalement inconnus. Le terrain était en quelque sorte préparé par les diverses lectures dont ils nourrissaient au préalable leurs rêves. Celles de Christophe Colomb sont les plus célèbres. Elles sont aussi restées représentatives d'une démarche intellectuelle propre aux hommes de la Renaissance. Elle consiste, pour l'essentiel, à confronter différentes sources, la plupart ayant leur origine dans l'Antiquité. Elles leur permettent de bâtir des hypothèses suffisamment solides pour convaincre les rois et princes des nations européennes de soutenir leurs expéditions. Montaigne, aussi, sollicite le passé.

Il reprend, après d'autres, un passage célèbre du *Timée :*

> Platon introduit Solon racontant avoir apris des Prestres de la ville de Saïs, en Ægypte, que, jadis et avant le déluge, il y avoit une grande Isle, nommée Athlantide, droict à la bouche du destroit de Gibraltar [...]. (*Op. cit.*, p. 200)

Quelques pages plus loin, Aristote lui fournit d'autres éléments. Ces références au savoir antique apparaissent comme le point de départ de la réflexion de Montaigne. Elles sont aussi le point d'appui à partir duquel il établit la nouveauté des découvertes qui lui sont contemporaines. « Mais il n'y a pas grande apparence que cette isle soit ce monde nouveau que nous venons de découvrir [...] » (*op. cit.*, p. 201). La phrase qui termine son évocation d'une terre inconnue, tirée des *Merveilles inouïes* d'Aristote, est elle aussi négative. Elle est même sans appel : « Cette narration d'Aristote n'a non plus d'accord avec nos terres neufves » (*op. cit.*, p. 202). On ne saurait donc établir un lien entre les connaissances du passé et les expériences du présent. À chaque fois qu'il l'introduit, Montaigne prend soin d'évoquer la « nouvelleté » de cette découverte. Elle ouvre le monde à un horizon jusque-là insoupçonné. Tout maintenant semble possible :

> Nostre Monde vient d'en trouver un autre (et qui nous respond si c'est le dernier de ses freres, puis que les Dæmons, les Sybilles et nous, avons ignoré cettuy-ci jusqu'asture ?) [...]. (Liv. III, chap. VI, p. 886)

Montaigne corrige en quelque sorte les représentations anciennes de la terre. Il en affine la géographie qui ne reposait que sur l'imaginaire. Pourtant, il ne rejette d'emblée aucune hypothèse. Il connaît en effet trop bien le caractère changeant de la figure du monde. Ainsi, prend-il en compte les forces qui en modifient constamment l'apparence. Elles lui sont d'autant plus présentes qu'elles lui sont voisines :

> Quand je considère l'impression que ma rivière de Dordoigne faict de mon temps vers la rive droicte de sa descente, et qu'en vingt ans elle a tant gaigné, et desrobé le fondement à plusieurs bastimens, je vois bien que c'est une agitation extraordinaire ; car, si elle fut tousjours allée ce train, ou deut aller à l'advenir, la figure du monde seroit renversée. (Liv. I, chap. XXXI, p. 201)

Par l'entremise de cette expérience vécue directement et à travers celle de son frère, le sieur d'Arsac, Montaigne affirme les principes d'une géographie en mouvement. Dans ce passage, la terre et l'eau, la mer et le sable se rencontrent en une lutte incessante qui redessine sans arrêt les contours du monde.

Cette agitation extraordinaire anime le début du chapitre XXXI du *Livre I*. Montaigne en utilise l'amplitude pour ajuster la réalité du Nouveau Monde aux comptes rendus des explorateurs comme Villegagnon : « Il nous faudroit des topographes qui nous fissent narration particuliere des endroits où ils ont esté » (p. 203). Telluriques, ces forces, trouvent en surface comme un écho. L'espace géographique évoqué par Montaigne porte de puissantes migrations humaines qui en parcourent l'étendue :

> [...] et que les Roys de cette contrée là, qui ne possedoient pas seulement cette isle, mais s'estoyent estendus dans la terre ferme si avant qu'ils tenoyent de la largeur d'Afrique jusques en Ægypte, et de la longueur de l'Europe jusques en la Toscane, entreprindrent d'enjamber jusques sur l'Asie et subjuguer toutes les nations qui bordent la mer Mediterranée jusques au golfe de la mer Majour ; et, pour cet effect, traverserent les Espaignes, la Gaule, l'Italie, jusques en la Grece [...]. (p. 200-201)

Une étroite correspondance s'établit donc entre ces mutations géologiques perpétuelles et l'expansion conquérante de l'humanité. Une fois de plus, et ce aussi bien à l'échelle de sa province qu'à celle du globe tout entier, Montaigne, fixe — le temps de l'écriture — l'image du monde dans une mouvance perpétuelle. Insensiblement, à travers cette redéfinition constante des espaces géographiques et politiques, mythologiques et historiques, il nous prépare à la possibilité d'un déplacement : ce sera celui de notre regard, de notre pensée, vers un autre monde, celui des Cannibales : « Or je trouve, pour revenir à mon propos, qu'il n'y a rien de barbare et de sauvage en cette nation [...] » (p. 203). Montaigne ne s'était pas égaré. L'esprit voyageur, il s'était, à sa façon, autorisé un simple détour sur la carte du monde qu'il remet à jour.

Les Coches

Dans le chapitre VI du *Livre III*, « Des coches », Montaigne ne se contente plus seulement d'examiner les conditions géologiques qui ont pu présider à l'émergence du Nouveau Monde. Le recul critique qu'il prenait en face du savoir antique, s'élargit maintenant en une réflexion sur la connaissance. Pour ce faire, il se place comme à la croisée des siècles, comme à la croisée des civilisations. C'est donc un vaste panorama qu'il tente « d'embrasse[r] » (p. 885). La tâche est d'envergure, car « [...] nostre cognoissance [est] foible en tous sens, nous ne voyons ny gueres loin, ny gueres arriere [...] » *(ibid.).* Ces limites sont en fait celles de notre *regard.* À travers la métaphore, Montaigne inscrit l'individu dans le peu de temps et d'étendue qu'il lui est loisible de *voir.* Il emploie lui-même ce verbe : « instruction que j'ay *veu*[1] en mon temps fort en credit » (p. 881). Le présent à partir duquel l'observation peut être menée revêt l'aspect — imagé encore — d'une sorte de piétinement : « Nous n'allons point, nous rodons plustost, et tournoions çà et là. Nous nous promenons sur nos pas » (p. 885). Dans cette phrase, l'espace de la connaissance se trouve compris entre une forme négative et une forme « réflexive » qui en restreignent inévitablement le champ.

Limité, notre regard ne nous permet pas de connaître le passé dans sa totalité encore moins le présent qui, par nature, se dérobe à nous :

> Et de cette mesme image du monde qui coule pendant que nous y sommes, combien chetive et racourcie est la cognoissance des plus curieux ! Non seulement des evenemens particuliers que fortune rend souvant exemplaires et poisans, mais de l'estat des grandes polices et nations, il nous eschappe cent fois plus qu'il n'en vient à nostre science. [...] Si nous voyons autant comme monde que nous n'en voyons pas, nous apercevrions, comme il est à croire, une perpetuele (c) multiplication et (b) vicissitude de formes. (p. 886)

À travers le temps qui sépare l'écriture de l'Essai XXXI du *Livre II* de celle de l'Essai VI du *Livre III*, la continuelle transformation du monde qu'elle soit géologique ou épistémologique*, se propage comme une onde. L'épicentre du phénomène se trouve être le présent à partir duquel, comme d'un observatoire malgré tout privilégié, Montaigne tourne son regard vers l'Age d'or de l'Ancien et du Nouveau Monde.

Les habitants du Nouveau Monde

On l'a vu, Montaigne a soin d'actualiser la représentation du Nouveau Monde, et de l'authentifier à travers un témoignage direct. Mais il

1 C'est nous qui soulignons.

n'empêche qu'il met aussi à profit ses lectures, et notamment lorsqu'il s'agit d'évoquer les mœurs des habitants du Nouveau Monde. Dans le catalogue des livres présents dans sa bibliothèque, on trouve d'abord *l'Histoire nouvelle du Nouveau Monde* de Benzoni, traduite par Urbain Chauveton. Figurent aussi l'*Historia del descubrimiento y conquista de la India por los Portugueses,* de Castenada, l'*Histoire générale des Indes occidentales et terres neuves* [...] de Lopez de Gomara, et l'*Histoire du grand royaume de la Chine [...] contenant un itinéraire du nouveau monde*, de Mendoza. Montaigne fera aussi quelques emprunts à l'*Histoire de Portugal*, de Simon Goulart. Ces sources, parfaitement identifiées, lui sont contemporaines. Elles lui fournissent la matière de sa réflexion. On y trouve, parfois sous forme de compilation*, l'essentiel de ce que l'on connaît du Nouveau Monde[1].

Dans le chapitre XXXI du *Livre II*, les fameux Cannibales ont donc une double origine : l'une est littéraire, l'autre est le résultat de la rencontre que Montaigne en a fait. Dans les deux cas, ils appartiennent à l'ethnie des Tupinikin[2]. L'auteur des Essais ne le précise pas, parlant seulement de « nations » ou de « peuples ». L'indien Tupi vit « en une contrée de païs tres plaisante et bien temperée ; de façon qu'à ce que m'ont dit mes témoings, il est rare d'y voir un homme malade ; et m'ont asseuré n'en y avoir veu aucun tremblant, chassieux, edenté, ou courbé de vieillesse. Ils sont assis le long de la mer, et fermez du costé de la terre de grandes et hautes montaignes, ayant, entredeux, cent lieuës ou environ d'estendue en large » (Liv. I, chap. XXXI, p. 205). Bien que Montaigne ne le nomme pas, ce pays est le Brésil.

Montaigne nous fait découvrir les fondements essentiels de la société Tupi qui sont ceux de la race humaine originelle, dépourvue de tout art, de

---

1 Montaigne connaissait aussi, comme tout bon lecteur de l'époque, le corpus littéraire protestant relatif au Nouveau Monde. Les livres suivants « ont quelque chance d'avoir figuré dans sa bibliothèque » (VILLEY, Les *Essais*, LXIII) : *Histoire d'un voyage faict en la terre de Brésil* (1578), de Jean de LÉRY, *Les Singularités de la France Antarctique* (1518), et la *Cosmographie Universelle* (1575), de A. THÉVET. De même, il disposait sans doute de l'*Histoire admirable des horribles violences, cruautez et tyrannies exercées par les Espagnols ès Indes occidentales,* de Bartholomé de LAS CASAS (cf. « Documents », p. 55).

2 Comme l'indique F. LESTRINGANT, « les Cannibales de Montaigne correspondent très exactement aux Tamoio décrits vingt ans plus tôt par Thévet et à une date plus récente par Jean de Léry » (*Le Cannibale*, p. 100).

toute science. C'est un monde « [...] si enfant qu'on luy aprend encore son a, b, c ; il n'y pas cinquante ans qu'il ne sçavoit ny lettres, ny pois, ny mesure, ny vestements, ny bleds, ny vignes. Il estoit encore tout nud au giron, et ne vivoit que des moyens de sa mere nourrice » (Liv. III, Chap. VI, p. 886). Cette série de négations reprend celle que l'on trouvait déjà dans les « cannibales » :

> C'est une nation, diroy je à Platon, en laquelle il n'y a aucune espece de trafique ; nul cognoissance de lettres ; nulles science de nombres ; nul nom de magistrat, ny de superiorité politique ; nul usage de service, de richesse ou de pauvreté ; nuls contrats ; nulles successions ; nuls partages ; nulles occupations qu'oysives ; nul respect de parenté que commun ; nuls vestemens ; nulle agriculture ; nul métal ; nul usage de vin ou de bled. (Liv. I, chap. XXXI, p. 204)

Tel qu'il le décrit, Montaigne nous en donne l'image d'un paradis, l'humanité n'étant affligée d'aucun tourment, d'aucune maladie. La contrée elle-même présente une topographie particulière qui n'est pas sans annoncer celle des pays d'utopie à venir[1]. Elle est en effet bordée de « grandes et hautes montaignes » (*op. cit.*, p. 205) qui en protègent l'accès. Seule son ouverture sur la mer constitue la faille par laquelle ne manqueront pas de s'engouffrer les Espagnols.

Le lecteur pénètre donc dans le monde des Indiens Tupi. Chaque trait particulier de leur vie quotidienne nous est donné par Montaigne dans un mouvement de focalisation. L'abondance de leur nourriture, la grandeur de leurs habitations, la disposition de leurs hamacs, nous amènent à les connaître dans leur intimité :

> Leurs lits sont d'un tissu de coton, suspenduz contre le toict, comme ceux de nos navires, à chacun le sien ; car les femmes couchent à part des maris. (*Op. cit.*, p. 205)

De plus, à la manière de nombre d'explorateurs[2], Montaigne nous livre ses impressions alors qu'il essaie la nourriture des Indiens :

> Au lieu du pain, ils usent d'une certaine matiere blanche, comme du coriandre confit. J'en ay tasté : le goust en est doux et un peu fade. (*Ibid.*)

---

1 Voir par exemple la description de l'Eldorado par VOLTAIRE dans le chapitre XVII de *Candide*.

2 La démarche est la même, par exemple chez Jean de LÉRY. Dans son œuvre, « la vision des lointains est restituée dans ses moindres composantes sensibles. La narration de Léry abonde en phénomène de mémoire involontaire, d'origine olfactive, gustative et auditive » (F. LESTRINGANT, préface à l'*Histoire d'un voyage fait en la terre du Brésil*, de Jean de Léry, p. 11).

Appréhender le Nouveau Monde passe par cette expérience gustative qui permet de faire sienne une singularité qui autrement resterait étrangère (cf. Liv. III, Chap. IX, p. 964).

On le voit, il n'y a aucun artifice dans ce mode de vie. Les maisons de ces Indiens, par exemple, ne se démarquent pas totalement de la nature : « estoffé[es] d'escorce de grands arbres » (Liv. I, chap. XXXI, p. 205), elles semblent en faire partie. La succession de phrases simples, parfois prolongées d'une proposition explicative, restitue le rythme de vie paisible des Indiens, dont les différents moments de la journée s'inscrivent dans le cycle naturel :

> Ils se levent avec le soleil, et mangent soudain apres s'estre levez [...]. Toute la journée se passe à dancer. Les plus jeunes vont à la chasse des bestes à tout des arcs. Une partie des femmes s'amusent cependant à chauffer leur brevage, qui est leur principal office. Il y a quelqu'un des vieillars qui, le matin, avant qu'ils se mettent à manger, presche en commun toute la grangée [...]. *(Ibid.)*.

L'organisation de cette société repose sur une répartition définie des tâches qui est comme la garantie d'un ordre. Rien ne vient le remettre en cause. Et les principes moraux qui sous-tendent le monde Tupi n'ont pas de contradicteurs. Montaigne en réitère le caractère assuré sur une seule et même page : « Il ne leur recommande que deux choses : la vaillance contre les ennemis et l'amitié à leurs femmes » (*op. cit.*, p. 206). Les prêtres et les prophètes confirment ce discours, « les exhortant à la vertu et à leur devoir ; [...] toute leur science ethique ne cont[enant] que ces deux articles, de la resolution à la guerre et affection à leurs femmes » (*ibid.*). La simplicité matérielle des Tupis trouve donc son équivalent dans la totale transparence de leur éthique. Leurs croyances elles-mêmes qui les élèvent au rang de l'humanité créée par Dieu, partage de façon simple, le monde en deux pans distincts :

> Ils croyent les ames éternelles, et celles qui ont bien merité des dieux, estre logées à l'endroit du ciel où le soleil se leve ; les maudites, du costé de l'Occident. *(Ibid.)*

Même les cérémonies de ces Indiens anthropophages qui suivent un rituel précis et quasiment inaltérable, n'entament pas leur sérénité :

> Après avoir long temps bien traité leurs prisonniers, et de toutes les commoditez dont ils se peuvent aviser, celuy qui en est le maistre, faict une grande assemblée de ses cognoissans ; il attache une corde à l'un des bras du prisonnier [...] et donne au

> plus cher de ses amis l'autre bras à tenir de mesme ; et eux deux, en presence de toute l'assemblée, l'assomment à coups d'espée. Cela faict, ils le rostissent et en mangent en commun et en envoient des lopins à ceux de leurs amis qui sont absens. (*Op. cit.*, p. 207)

Montaigne n'intervient aucunement dans la narration de la cérémonie, il n'en interrompt pas le déroulement par le moindre commentaire. Ainsi se trouve-t-elle volontairement dépossédée de toute charge émotive résultant de la violence de l'acte ou de la cruauté du procédé. Ce dernier se trouve réduit à un geste à caractère « ethnographique » dont l'auteur des Essais nous révèle la signification exacte : « Ce n'est pas, comme on pense, pour s'en nourrir, ainsi que faisoient anciennement les Scythes ; c'est pour representer une extreme vengeance » *(ibid.)*. Cet acte ne répond à aucune obligation alimentaire. Il diffère en cela de l'exemple pris par Montaigne dans la *Guerre des Gaules* de Jules César pendant laquelle, pour soutenir le siège, nos ancêtres enfermés à Alésia durent manger le corps des « vieillards, des femmes et autres personnes inutiles au combat » (*op. cit.*, p. 206). Chez les Tupis, au contraire, les prisonniers restent non seulement des guerriers à part entière, mais ils font preuve jusqu'à leur mise à mort d'un courage et d'une « fermeté [qui n'est pas celle] des jambes et des bras, mais du courage et de l'âme » (*op. cit.*, p. 210). En témoigne la chanson d'un captif, retranscrite par Montaigne : « Ces muscles, dit-il, cette chair et ces veines, ce sont les vostres, pauvres fols que vous estes ; vous ne recognoissez pas que la substance des membres de vos ancestres s'y tient encore : savourez les bien, vous y trouverez le goust de vostre propre chair » (*op. cit.*, p. 211). Ne manifester aucune crainte devant la perspective de sa propre mort fait partie du code d'honneur du prisonnier. Il rappelle qu'il a lui-même mangé quelques-uns de ses adversaires, et que les compagnons de ces derniers, en le dévorant à leur tour, « s'auto-dévoreront ». C'est l'accomplissement d'un cycle. Ainsi, du côté du dévorant comme de celui du dévoré, le rituel cannibale, codifié, accepté par tous, perpétue l'unité de la société anthropophage.

Les Indiens des Coches

Les habitants du Nouveau Monde qui sont les acteurs malheureux des « coches » appartiennent à des civilisations différentes. Alors que les Tupis vivent dans un présent immuable, au cœur d'une nature qu'ils laissent intacte, et dont ils se contentent de recueillir les fruits, les peuples du Mexique et du Pérou prospèrent dans une société complexe qui ne le cède en rien à la nôtre. Montaigne, pourtant, ne semble pas faire de distinction claire entre les deux univers. « Ses » Cannibales montrent encore leurs visages dans les « coches » :

> [...] où les Espagnols ne trouverent les marchandises qu'ils cerchoient, ils ne feirent arrest ni entreprise, quelque autre commodité qu'il y eust, tesmoing mes Cannibales. (Liv. III, chap. VI, p. 890)

Dans le paragraphe suivant, on passe immédiatement à l'évocation de l'histoire du royaume du Pérou.

Les peuples du Mexique et du Pérou interviennent donc sur l'ordre naturel, le modifient à volonté. Leurs travaux gigantesques accomplis « [...] au chemin qui se void au Peru [...] depuis la ville de Quito jusques à celle de Cusco (il y a trois cens lieuës), droict, uny, large de vingt-cinq pas, pavé, revestu de costé et d'autres de belles et hautes murailles, et le long d'icelles, par le dedans, deux ruisseaux perennes [...] » (*op. cit.*, p. 893) en sont un bon exemple. Ils donnent l'image d'un Nouveau Monde en pleine possession de techniques rudimentaires mais efficaces. L'ouvrage cité se remarque par sa taille et par le fait qu'il associe la durée et l'utilité à l'esthétique. Rien ne constitue un obstacle trop grand pour ces Indiens. Ils viennent immédiatement à bout d'une hauteur incontournable ou d'une profondeur gênante. Plus important que le gigantisme, est le fait que ces ouvrages surpassent ceux de la Grèce, de Rome ou de l'Égypte. C'est l'un des caractères essentiels de ce Nouveau Monde, dont les dimensions, les normes aussi, semblent appartenir à un autre univers. Sans doute est-ce la raison pour laquelle Montaigne parle de « l'espouventable magnificence des villes de Cusco et de Mexico » (*op. cit.*, p. 887), dont la richesse dépasse l'entendement. Chaque élément du règne végétal, du règne animal est en plus magnifié par le savoir-faire des Indiens :

> [...] tous les arbres, les fruicts et toutes les herbes, selon l'ordre et grandeur qu'ils ont en un jardin, estoyent excellement formez en or [...]. *(Ibid.)*

Entre leurs mains, il n'est rien, de l'éclat des pierreries ou de la légèreté de la plume, qui ne devienne œuvre d'art. Mais plus important encore, on voit que Montaigne, dans le même enchaînement, a soin de mentionner les qualités morales qui sont celles de ces indiens industrieux.

Des origines du Monde

Les habitants du Pérou et du Mexique ne se contentent pas non plus de vivre dans le présent comme le faisaient les Tupis. On l'a vu, la religion de ces derniers consistait en une représentation simpliste, une sorte de partage. Après nous avoir donné quelques indications supplémentaires sur la forme de leurs lits, de leurs épées de bois, et de leur nudité, Montaigne passait sans transition à leur croyance en l'éternité des âmes (Liv. I, Chap. XXXI, p. 206). Cette page n'est pas seulement une énumération de détails à caractère documentaire que l'auteur aurait rajoutés. Il en profite pour amorcer le paragraphe suivant, nous montrant par la même occasion que la spiritualité des Indiens, si réduite soit-elle, n'est pas séparée de leur vie matérielle par une trop grande distance.

La cosmologie* des Indiens des « coches » est autrement plus complexe. Ils expliquent l'origine du monde, prévoient même sa fin prochaine. Cette représentation de la création revêt un caractère essentiellement mythologique. Montaigne développe longuement cette « genèse » qui « [...] se depart en cinq aages et en la vie de cinq soleils consecutifs, desquels les quatre avoient desjà fourny leur temps [...] » (Liv. III, chap. VI, p. 892). Ces Indiens possèdent une conscience de l'univers qui tient compte de ses mutations. Mutations qui coïncident malheureusement pour eux avec l'arrivée des Espagnols.

Les Espagnols

La nature, les intentions des Espagnols s'opposent de manière flagrante à celles des habitants du Nouveau Monde. Ces derniers qui vivent « encore sous la douce liberté des premières loix de nature » (p. 9), se trouvent brutalement confrontés à la violence extrême, et à la cupidité sans bornes des européens. Ils transportent avec eux la corruption sous toutes ses formes. Montaigne le montre par l'analyse du rapport existant entre les Princes et leurs sujets. À travers la magnificence des spectacles antiques, par exemple, il questionne la nature de ce lien :

> [...] c'est une espece de pussillanimité aux monarques, et un tesmoignage de ne sentir point assez ce qu'ils sont, de travailler à se faire valloir et paroistre par despences excessives. (Liv. III, chap. VI, p. 879)

Cette critique de fond portant sur le pouvoir est d'actualité depuis qu'on a perdu — en cette fin du XVIe siècle, la confiance que l'on accordait auparavant aux monarques[1]. Montaigne prend l'exemple de Cyrus « [...] pour servir aux Roys de ce temps » (*op. cit.*, p. 882). Un peu plus loin, l'attitude de Philippus qui tente « par presens de gaigner la volonté des Macedoniens » (*op. cit.*, p. 883) résume en quelques interrogations sa critique :

> Quoy ? as tu envie que tes subjects te tiennent pour leur boursier, non pour leur Roy ? Veux tu les prattiquer ? prattique les des bien-faicts de ta vertu, non des bien-faicts de ton coffre. (*Op. cit.*, p. 883)

Les monarques du Mexique et du Pérou[2], et l'on comprend mieux alors, les raisons pour lesquelles, dans l'*Essai*, se rejoignent l'Ancien et le Nouveau Monde, fournissent à Montaigne l'image de souverains qui fondent leur pouvoir sur l'honneur et le courage :

> Sur ce que je luy demanday quel fruict il recevoit de la superiorité qu'il avoit parmy les siens (car c'estoit un Capitaine, et nos matelos le nommoient Roy), il me dict que c'estoit marcher le premier à la guerre [...]. (Liv. I, chap. XXXI, p. 213)

En témoigne aussi l'attitude d'Atahualpa et de son compagnon face à la mort.

La contagion

À travers la description que Montaigne en fait, les Espagnols semblent porter en eux les germes du désordre et de la destruction. Il les fait apparaître comme « des gens barbus, divers en langage, religion, en forme et en contenance, [qui venoient] d'un endroict du monde si esloigné [...], montez sur des grands monstres incogneuz, [...] garnis d'une peau luysante et dure et d'une arme tranchante et resplendissante [...] ; adjoustez y les foudres et tonnerres de nos pieces et harquebouses capables de troubler Cæsar mesme, [...] contre des peuples nuds [...] » (Liv. III, chap. VI, p. 887-888). Montaigne fait en sorte qu'on ne reconnaisse rien de l'humanité de ces

---

1 Cf. « Montaigne, réflexions sur la liberté et le pouvoir », pp. 45-48, par A.-G. GUÉGUEN, in *Le Pouvoir*, vol. 1, éd. Ellipses, 1994.

2 Il s'agit d'Atahualpa, « l'inca martyrisé assitôt après son baptème, et de Cuauhtemoc, l'empereur aztèque qui succéda à Moctezuma, et que l'on rôtit « à demy » [...] » (F. LESTRINGANT, *op. cit.*, p. 186).

Espagnols. Tout les différencie des Indiens notamment leur barbe, alors que ces peuples vont nus (il s'agit vraisemblablement des Brésiliens). Bien plus, ils semblent se confondre avec les « grands monstres incogneuz » qu'ils chevauchent. Cette périphrase traduit bien non seulement l'étonnement des Indiens, mais elle transforme chaque espagnol en une figure hybride, une sorte de centaure* n'appartenant pas davantage au règne humain qu'au règne animal. Chaque cavalier est aussi accompagné d'un attirail d'armes toutes aussi dangereuses les unes que les autres. On le remarque, Montaigne n'emploie pas tout de suite les termes techniques qui renvoient à l'art de la guerre. Comme si son regard était celui de l'Indien pris au dépourvu, il les évoque de manière métaphorique. Ainsi la cuirasse devient-elle une « peau luysante et dure ». L'utilisation de l'indéfini associé à des impressions tactiles et visuelles métamorphose le soldat espagnol en une créature fantastique, et le rejette dans le monde de l'inconnu.

À l'inverse, il évoque avec précision les mots qui renvoient au quotidien des Indiens, en particulier à sa précarité : « des peuples nuds, si ce n'est où l'invention estoit arrivée de quelque tissu de coton ». Ce tissu, si proche de la peau humaine, et qui en laisse la plus grande part visible, nous parle bien de l'humanité. Deux mondes se trouvent donc face à face, inégaux en force et en intentions.

Comme l'avait fait Las Casas (cf. « Documents », p. 55), l'auteur des *Essais* résume la destruction du Nouveau Monde en quelques lignes. Lui aussi, il renonce à en dénombrer précisément les victimes, et lui aussi, il imprime à l'anaphore le ton de l'indignation :

> Tant de villes rasées, tant de nations exterminées, tant de millions de peuples passez au fil de l'espée, et la plus riche et belle partie du monde bouleversée pour la negotiation des perles et du poivre ! (*Op. cit.*, p. 889)

Cette exclamation en dit long. Elle scande de façon sonore l'étendue des destructions, et le caractère innombrable des pertes humaines. Bien plus, elle fait surgir, à la fin, la cause révoltante car dérisoire, de la disparition du Nouveau Monde : « [...] pour la negotiation des perles et du poivre ! »

Dans les « coches », l'évocation de l'Espagnol s'accompagne d'un cortège de misères et de souffrances. Ces tourments qu'endurent les Indiens, atteignent leur paroxysme avec la mort des rois du Pérou et du Mexique. Pendre, étrangler, brûler, griller, rôtir, le Nouveau Monde s'anéantit dans la souffrance à travers ces mots. Mais les tortionnaires doivent finalement subir le jugement divin :

> Dieu a meritoirement permis que ces grands pillages se soient absorbez par la mer en les transportant, ou par les guerres intestines dequoy ils se sont entremangez entre eux [...]. (*Op. cit.*, p. 892)

Ultime avatar des conquérants, ceux-ci s'adonnent eux-mêmes aux pratiques anthropophages qu'ils accusaient de barbarie.

L'Indien orateur

Si l'Indien n'a pas le pouvoir des armes, il a néanmoins celui de la parole. Son discours, teintée d'ironie, répond point par point à celui de l'Espagnol. Montaigne montre ainsi que la seule disparité existant entre les deux civilisations est d'ordre matériel. Les deux discours s'équilibrent donc, mais c'est celui de l'habitant du Nouveau Monde qui l'emporte car il repose sur le bon sens et le bon droit :

> [...] quand à leur Roy, puisqu'il demandoit, il devoit estre indigent et necessiteux ; et celuy qui luy avoit faict cette distribution, homme aymant dissention, d'aller donner à un tiers chose qui n'estoit pas sienne [...] ; quant à un seul Dieu, le discours leur en avoit pleu, mais qu'ils ne vouloient changer leur religion, s'en estans si utilement servis long temps, [...] ; quant aux menasses, c'estoit signe de faute de jugement d'aller menassant ceux desquels la nature et les moyens estoient inconneux ; ainsi qu'ils se despeschassent promptement de vuyder leur terre, car ils n'estoient pas accoustumez de prendre en bonne part les honnestetez et remonstrances de gens armez et estrangers [...]. (*Op. cit.*, p. 889-890).

L'insensible accélération du rythme, à la fin du discours, met un terme à une dialectique sans faille. Qu'il habite au Mexique ou au Pérou, ou encore qu'il vienne des profondeurs de la forêt brésilienne, l'Indien parle bien[1]. Comme dans l'*Essai* XXXI du *Livre I*, il soutient la conversation avec Montaigne. Venant d'un monde étranger, il possède la nécessaire distance qui lui permet de découvrir les dysfonctionnements de notre société ainsi que ses injustices les plus flagrantes. Il lui suffit d'un regard et d'un seul porté sur la jeunesse du roi et l'apparence de ses gardes pour mettre en

---

1 « Étrange Cannibale, à vrai dire ! Tel que Montaigne le met en scène, le Cannibale offre un bien curieux habitus. Plus qu'il ne mange, il parle. Plus qu'il n'ingère, il profère. » (F. LESTRINGANT, *op. cit.*, p. 180)

évidence les principes paradoxaux du pouvoir tel qu'il est exercé. Dans « Des coches » L'acuité de l'Indien est telle qu'il met immédiatement à nu — lui, le sauvage — ses interlocuteurs : « [...] quand à estre paisibles, ils n'en portoient pas la mine, s'ils l'estoient » *(ibid.)*. Ainsi découvre-t-il les Espagnols dans leur vérité première, malgré leur discours trompeur, auquel il ne se laisse pas prendre[1].

Le regard de Montaigne

Montaigne nous le disait dès l'ouverture des *Essais* :

> [...] si j'eusse esté entre ces nations qu'on dict vivre encore sous la douce liberté des premieres loix de nature, je t'asseure que je m'y fusse très-volontiers peint tout entier, et tout nud. (p. 9)

Cette nudité renvoie bien évidemment à celle des Indiens Tupinamba. Mais elle est aussi d'un autre ordre, philosophique, celui-là. Il s'agit moins de se dépouiller de ses vêtements que de tout artifice. Comme s'il nous faisait signe à travers les Essais, Montaigne fait sienne, dans son propre portrait, l'ignorance originelle des Indiens. On retrouve ainsi, résumée en une seule expression (« nulle du tout », Liv. II, chap. XVII, p. 625), cette longue succession de négations qui délimite les connaissances des Brésiliens. Comme eux, Montaigne prétend ne pas savoir l'usage de la monnaie ; presque comme eux, il soutient n'avoir appris que de fraîche date l'usage du grain et du blé, ou « ce que c'est que cuver le vin » : « Il n'y a pas cinquante ans qu'il[s] ne sçavoi[en]t ny lettres, ny pois, ny mesure, ny vestements, ny bleds, ny vignes » (Liv. III, chap. VI, p. 886). De plus, à l'image des Indiens qui vivent au présent, Montaigne nous révèle la faiblesse de sa mémoire. On comprend mieux alors la teneur de ce portrait négatif. À travers lui, Montaigne se tourne comme avec nostalgie vers un âge où le monde n'en était encore qu'à ses débuts, un monde où tout, encore, était possible :

> Que n'est tombée soubs Alexandre ou soubs ces anciens Grecs et Romains une si noble conqueste, et une si grande mutation et alteration de tants d'empires et de peuples soubs des mains qui eussent doucement poly et defriché ce qu'il y avoit de sauvage, et eussent conforté et promeu les bonnes semences que nature y a avoit produit [...]. *(Op. cit.*, p. 888)

---

1 Voir à ce propos l'article de M.-C. GOMEZ-GÉRAUD : « L'entrée de l'Indien dans la littérature française, Genèse d'un stéréotype », in *Europe*, L'invention de l'Amérique, avril 1992, pp. 65-75.

Sans doute est-ce la raison pour laquelle il en prend la défense, dénonçant la barbarie de ses contemporains. Contemporains dans lesquels il s'inclut comme on le voit à travers l'emploi de cette première personne du pluriel utilisée dans les « coches » et qui renvoie toute une civilisation devant ses responsabilités. La « barbarie » des Indiens a quant à elle toujours été relativisée, voire tout simplement niée, comme à la fin « Des cannibales » : « [...] mais quoy, ils ne portent point de haut de chausses ! » (Liv. I, chap. XXXII, p. 213). On sent cette sympathie qui rapproche Montaigne du sauvage, en qui il reconnaît peut-être un compagnon de souffrances[1], sûrement un « frère d'exil »[2].

1 J. Starobinski a suggéré « que l'attention initiale de Montaigne à son malaise corporel a préparé et rendu possible l'étroite sympathie avec les souffrances subies par d'autres hommes dans un monde lointain » (J. STAROBINSKI, *Montaigne en mouvement*, p. 153).

2 « Il y a donc au milieu du premier livre le portrait de trois frères d'exil : La Boétie au centre, entouré de deux figures symétriques, celles de Montaigne et du Cannibale. Ces trois exilés forment une chaîne reliant les deux sociétés heureuses et vertueuses par-dessus le bourbier de la France contemporaine : l'antiquité, dont il faut repousser le *bonheur* jusqu'à l'âge d'or, et l'Eldorado [...]. » (BUTOR, *op. cit.*, p. 64)

DOCUMENTS

LE SAUVAGE DANS LA LITTÉRATURE FRANÇAISE DU XVIe SIÈCLE

Dès cette époque, se constitue un véritable corpus relatif aux Brésiliens. L'un des plus connus fut celui d'un pasteur, Jean de Léry, explorateur du Nouveau Monde. Le titre de son ouvrage paru pour sa première édition nous renseigne déjà sur la nature de ses contacts avec les indigènes :

> Histoire d'un voyage faict en la terre de Brésil, autrement dite Amérique, contenant la navigation et choses remarquables, vêues sur mer par l'auteur : le comportement de Villegagnon en ce païs là, les meurs (sic) et façons de vivre estranges des Sauvages amériquains : avec un colloque de leur langage. Ensemble la description de plusieurs animaux, herbes et autres choses singulières et du tout inconnues par deça.

« Estrangeté », « singularité », tels sont les maîtres-mots des récits d'auteurs que Claude Lévi-Strauss appellera les premiers ethnologues. Ces derniers ont toujours pour souci majeur l'authenticité de leur rapport.

Après les péripéties du voyage, Jean de Léry indique au lecteur les forces en présence. Les Français doivent en effet affronter de redoutables sauvages appartenant à la nation des *Margaïas*. Ils sont alliés des Portugais, et par conséquent « tellement [nos] ennemis, que s'ils nous eussent tenus à leur advantage, nous n'eussions payé autre rançon qu'après avoir esté assommez et mis en pièces, nous leur eussions servis de nourriture ». La phrase de Jean de Léry montre sans détour le sort réservé aux Français. En quelques mots et en quelques gestes sans appel, le prisonnier est réduit à l'état de bien consommable. De plus, ces Margaïas sont présentés comme des créatures infernales. Ils sont d'ailleurs poursuivis et tourmentés jour et nuit par un esprit malin appelé Aygnan qui prend l'apparence « de bête ou d'oiseau, ou d'autre forme estrange[1] ».

---

1 LÉRY Jean de, *op. cit.*, édit. F. LESTRINGANT, p. 153.

Les Topinambas, eux, sont les alliés des Français. Ils n'en demeurent pas moins anthropophages. On en trouve une bonne description dans *l'Histoire véritable périlleux advenus sur la mer,* du capitaine Bruneau, sieur de Rivedoux (1599). Ce soldat protestant, vivant à l'île de Ré et à La Rochelle, place à la fin de son volume, son tableau du Nouveau Monde. Prenant le prétexte d'un récit qui lui fut raconté par l'un de ses amis, il « condense » en quelques pages toutes les lectures qu'il a pu faire sur le sujet. C'est en particulier le rituel cannibale qui constitue l'essentiel de ces quelques pages :

> Le jour donques venu de la feste, le patient sera amené en place, tout couvert partie du corps de certaine gomme qu'ils ont, et dessus semé de petites plumes ; lui donneront des pierres en la main et luy permettront de les jetter contre qui bon lui semblera lui disans, venge-toy ; et après qu'il aura fait ce qu'il aura voulu de folies, il arrivera un homme, lequel ayant une espée de bois de Brésil, viendra par derrière luy et lui en donnera plusieurs coups sur la teste, et sur le corps ; jusques à ce qu'il soit assommé. Puis incontinent qu'il est par terre, il y aura une vieille qui lui bouchera tous les conduits de son corps jusques au plus des-honneste, et lui coupera mesme la partie générative ; et puis sur une grande grille faite de gros bois, le mettront sur un gros brasier boucaner qu'ils appellent, et puis, bien revenu, le mettent en pièces et le mettent dans des poisles avec force farine d'herbe dont ils usent et cela bien cuit et bouilly, le mangent tous en commun ; et apportent tout ce qui sera d'autres provisions dans le village, et seront deux ou trois jours à ne faire que manger, danser, et boire d'une espèce de vin qu'ils appellent vin de cajou ; et puis chacun se retire en son village, attendant une autre fricassée. (p. 202)

L'auteur, en nous présentant cette pratique, ne porte aucun jugement ; par contre son étonnement apparaît lorsqu'il apprend que les prisonniers, laissés en toute liberté dans le camp ennemi ne songent nullement à s'enfuir, et peuvent attendre leur supplice plusieurs années, et même avoir des enfants sur place :

> Ce qui est bien estrange est que durant la vie et mariage du prisonnier si sa femme a des enfans, quand il plaira au preneur il les mangera avec ses voisins, et si la mère ne fait difficulté d'en manger, disant à ceux des François qui l'en blasmoient, que les enfants n'estoient point à elle. (p. 204)

Un singulier recul semble déjà habiter le regard du narrateur ; C'est celui d'un ethnologue qui n'en porte pas encore le nom.

Ce genre de récit est en fait nourri des multiples lectures qui constituent le fonds commun de tout amateur « d'exotisme » de l'époque. Le capitaine Bruneau a eu en main l'*Histoire d'un voyage en la terre de Brésil [...]* de Jean Léry qui lui-même s'était décidé à prendre la plume pour combattre les « faussetés » d'André Thévet. Visiteur du Nouveau Monde, ce cosmographe* du roi, avait consacré une part de son étude aux habitants de la France Antarctique. Quelques années plus tard, en 1575, paraît sa *Cosmographie* Universelle*. On y trouve les représentations du « Sauvage » qui marqueront le XVIe siècle. Montaigne, quant à lui, connaît un autre ouvrage de Thévet, *les Singularités de la France antarctique*, publié en 1558.

Le lecteur du XVIe peut pénétrer au sein de la société brésilienne. Il y découvre leurs cabanes, leurs lits de coton, leur arithmétique élémentaire, la façon dont ils s'épilent le corps et s'enduisent de gomme végétale, leur art de la guerre, aussi. Et Montaigne s'en souvient :

> Pour revenir à notre histoire, il s'en faut tant que ces prisonniers se rendent, pour tout ce qu'on leur fait, qu'au rebours, pendant ces deux ou trois ans qu'on les garde, ils portent une contenance gaye ; ils pressent leurs maistres de se haster de les mettre en cette espreuve ; ils les deffient, les injurient, leur reprochent leur lâcheté et le nombre des batailles perduës contre les leurs. J'ay une chanson faicte par un prisonnier, où il y a ce traict : qu'ils viennent hardiment trétous et s'assemblent pour disner de luy ; car ils mangeront quant et quant leurs pères et leurs ayeux, qui ont servi d'aliment et de nourriture à son corps. (Liv. I, chap. XXXI, p. 211)

Dans sa *Cosmographie**, Thévet jugeait cette coutume plus que « bestiale ». Montaigne se garde bien d'un tel jugement. Il l'a compris, il s'agit d'un acte essentiellement rituel grâce auquel on peut mesurer, simplement, « une merveilleuse distance entre leur forme et la nostre » *(ibid.)*. Ce serait faire fausse route de juger les habitants du Nouveau Monde « à l'exemple et patrons de nos mœurs » (Liv. III, chap. VI, p. 889).

LES CONQUÉRANTS

Paradoxalement, le conquérant du Mexique, Cortez l'avait bien compris :

> La contrée est si grande, les climats si divers et les découvertes si nouvelles qu'il est nécessaire de modifier ses vues suivant les milieux nouveaux. (*La conquête du Mexique*, p. 349)

Pourtant, dès le début de la lettre qu'il adresse à Charles-Quint en 1519, il fait entrer les Mexicains dans un dessein qui n'était certainement pas le leur :

> En effet, autant que nous pouvons en juger, il suffirait de quelques interprètes ou personnes parlant leur langue, qui leur fissent comprendre la vérité de notre foi et l'absurdité de la leur, pour que nombre d'entre eux et peut-être tous renonçassent à bref délai à leur hérésie pour adopter nos croyances. *(Op. cit.,* p. 68)

L'homme de la Renaissance est ainsi fait : il est prêt à s'ouvrir à de nouveaux horizons, il accueille comme telle la diversité du monde, voire son étrangeté, mais il lui faut d'une manière ou d'une autre la réduire à son point de vue.

Ainsi, alors qu'il doit rendre visite à Moctezuma, Cortez découvre, à huit lieues de la ville de Chohula, les hauteurs du Popocatepelt, desquelles s'échappent d'imposantes fumées. Il y a là un mystère, d'autant que l'endroit est couvert de neige bien qu'on se situe en zone torride :

> Comme j'ai toujours désiré faire à votre Altesse les rapports les plus complets sur tout ce qui touche cette contrée, je résolus de découvrir le secret de ce phénomène, qui me semblait merveilleux. J'envoyai dix de mes compagnons les plus aptes à bien étudier la chose, accompagnés d'Indiens pour leur servir de guides, leur recommandant d'atteindre la cime de la montagne et de découvrir le secret de cette fumée et comment elle sortait de là. *(Op. cit.,* p. 100)

Devant cette situation nouvelle, et qui défie l'expérience commune, le conquistador va de l'avant. Il emprunte même des chemins dans lesquels les autochtones* n'auraient osé s'aventurer. Par exemple, en 1530, il décide de partir à la recherche du fameux détroit qui — croyait-on — séparait l'Atlantique du Pacifique. Mais les adjectifs « étranges », « merveilleux », qui reviennent souvent sous la plume de Cortez lors de son expédition ne doivent pas tromper. Cette étrangeté, cette différence qui caractérise le

Nouveau Monde et ses habitants, sont le plus souvent réduites à une ressemblance avec l'Ancien Monde :

> Ce que j'ai vu et trouvé de ressemblance entre cette contrée et l'Espagne, tient pour sa fertilité et la température qu'il y fait et autres points qui les rapprochent, m'a décidé à la baptiser la Nouvelle-Espagne de la mer Océane, et c'est au nom de Votre Majesté que je lui ai donné cette appellation. Je supplie humblement Votre Altesse qu'elle le tienne pour bien et mande qu'on la nomme ainsi. (*Op. cit.*, p. 182)

Rebaptisé par les soins du conquistador, le Mexique perd son existence propre. Il n'est plus qu'un prolongement géographique de l'Espagne, une province annexée.

Parfois, cependant, on y trouve de telles magnificences que l'Europe se trouve dépassée :

> Cette ville [Mexico] est si grande et si belle que je n'en dirai pas la moitié de ce que j'en pourrai dire, et le peu que j'en dirai est presque incroyable, car elle est plus grande que Grenade ; elle est mieux fortifiée ; ses maisons, ses édifices et les gens qui les habitent sont plus nombreux que ceux de Grenade au temps où nous en fîmes la conquête, et mieux approvisionnée de toutes les choses de la terre, pain, oiseaux, gibier, poissons de rivière [...]. On y voit des joyaux d'or, d'argent, de pierres précieuses, et des ouvrages en plume d'un fini merveilleux, qu'on ne saurait égaler dans les marchés les plus célèbres du monde ; on y rencontre de toutes les formes et peut-être meilleures qu'en Espagne. (*Op. cit.*, p. 90)

On le remarque, Cortez inscrit toujours le Nouveau Monde dans un système de références historiques et géographiques connus, même lorsqu'il s'agit d'en rendre la supériorité. Mais il arrive aussi qu'abandonnant son point de vue, Cortez jette son regard sur des perspectives que les mots seuls ne parviennent plus à cerner :

> Quant à vouloir parler de toutes les choses et nouveaux royaumes de Votre Altesse, en vouloir conter tous les détails et particularités, ce serait se lancer dans l'infini. (*Op. cit.*, p. 73)

Le Nouveau Monde se dit alors dans l'impossibilité avouée de dénombrer l'innombrable ; il se dit aussi dans la difficulté en définitive incontournable d'en percer les secrets. Ainsi, à propos de la splendeur des pierreries portées par Moctezuma, Cortez s'interroge : « On ne saurait comprendre avec quels instruments ils les taillent avec une telle perfection » *(op. cit.*, p. 133). Alors, comme on le lit dans la deuxième lettre qu'il envoie à

Charles-Quint, Cortez reconnaît au Nouveau Monde sa réalité propre : il mentionne en effet dans la note liminaire les noms indigènes des cités et des princes de ce qu'il avait baptisé la Nouvelle-Espagne :

> Parmi ces villes, il en est une, plus merveilleuse et plus riche que les autres appelée Tenochtitlan qui, par un art prodigieux se trouve construite sur une grande lagune. Le roi de cette ville est un très grand seigneur appelé Moctezuma. *(Op. cit.*, p. 72)

C'est dans la magnificence, lorsqu'il dépasse l'Ancien Monde, que le Nouveau Monde retrouve pour le conquistador sa légitimité. Mais certaines pratiques de ses peuples demeurent pour lui inacceptables.

Les sacrifices humains

Cortez s'était, il est vrai, émerveillé, au cœur même du Mexique, du degré de perfection atteint par un peuple qui se présentait avec « autant de politesse et d'aménité qu'en Espagne » (*op. cit.*, p. 133). Mais leur religion est faite de sacrifices humains. Le tableau qu'il en donne ne néglige aucun détail, ne ménage aucun effet pour nous en montrer la barbarie :

> Tous les jours, avant de rien entreprendre, ils brûlent dans ces temples de l'encens et offrent leurs personnes même en holocauste, les uns se coupent la langue ; d'autres les oreilles, et quelques-uns se tailladent le corps à coups de couteaux, le sang qui s'en échappe, ils l'offrent à ces idoles, le répandent par toutes les parties du temple, le jetant parfois vers le ciel et faisant mille cérémonies [...]. Ils prennent de jeunes garçons et des jeunes filles, des hommes et des femmes aussi qu'ils brûlent devant leurs faux dieux, leur en offrant la fumée en sacrifice. Quelques-uns de nous ont été témoins de ces sacrifices, et ceux qui les ont vus disent que c'est la chose la plus terrible et la plus épouvantable qui se puisse imaginer. *(Op. cit.*, p. 67)

La supplique qu'il adresse instamment au roi et aux autorités religieuses pour faire cesser ces sacrifices montre bien à quel point la révolte de Cortez est grande. Cette fois, c'est le refus d'adhérer au mode de vie particulier de l'Indien qui va subordonner la manière dont ce dernier sera perçu. Il définit aussi les moyens utilisés mis en œuvre pour en faire disparaître l'étrangeté insoutenable.

La destruction du Nouveau Monde

C'est Bartholomé de Las Casas qui, dans sa *Très brève relation de la destruction des Indes*, se fera l'écho de la terrible violence qui va s'abattre sur le Nouveau Monde. Il vit à Saint-Domingue depuis 1502, et il est le premier prêtre à être ordonné au Nouveau Monde en 1513. Témoin de massacres d'Indiens à Cuba, il en fait la relation dans son *Histoire des Indes* (1511). Mais c'est surtout par sa *Très brève relation de la destruction des Indes*, parue en 1521, qu'il fait connaître le sort des royaumes nouvellement conquis. En quelques tableaux, il reprend l'histoire de chaque province : Nicaragua, Guatémala, Santa Marta, Carthagène, Floride, Pérou ; de chaque île : San Juan, la Jamaïque, Cuba, etc. Son livre s'ouvre sur un rappel de la découverte des Indes et de ses habitants :

> Tous ces peuples universels et innombrables, de toutes sortes, Dieu les a créés extrêment simples, sans méchanceté ni duplicité, très obéissants et très fidèles à leurs Seigneurs naturels, et aux chrétiens qu'ils servent [...]. Ce sont aussi des gens de conformation délicate, fluette et fragile, qui supportent difficilement les travaux et meurent très facilement de n'importe quelle maladie [...]. Ce sont des gens très pauvres qui possèdent fort peu et qui ne veulent pas posséder de biens temporels [...]. Ils vont en général tout nus, ne couvrant que leurs parties honteuses [...]. Ils [...] sont très aptes à recevoir notre sainte foi catholique et à acquérir des mœurs vertueuses [...] chez ces tendres brebis, ainsi dotées par leur créateur de tant de qualités, que les Espagnols, dès qu'ils les ont connues, sont entrés comme des loups, des tigres, et des lions très cruels affamés depuis plusieurs jours. (*Op. cit.*, p. 50)

Le contraste est frappant et voulu. Cette humanité — car les peuples indiens en font bien partie — se trouve brutalement, alors qu'elle est encore à l'âge de l'enfance, confrontée à la cupidité rapace des Espagnols. Las Casas compare ces derniers aux plus redoutables prédateurs. Leur voracité sera sans limites, à peine exagérée par la comparaison. Leur cruauté sera sans borne aucune.

L'île espagnole

Las Casas commence son récit par les événements qui eurent lieu sur l'île espagnole (actuellement Saint-Domingue). Ce fut la première sur laquelle les chrétiens entrèrent et « commencèrent les grands ravages et les grandes destructions de ces peuples » (*op. cit.*, p. 51). D'entrée, l'auteur tente de rendre l'ampleur du préjudice subi par les termes les plus évocateurs. Il établit aussi la chronologie des faits. Ces derniers s'enchaînent rapidement : les chrétiens commencent par enlever aux Indiens leurs femmes et leur enfants, soit pour en faire « mauvais usage », soit « pour manger la nourriture qui venait de leur sueur et de leur travail » (*op. cit.*, p. 54). Les indigènes essaient alors de cacher leur famille et leurs récoltes. Ils reçoivent force coups de poing et de bâton. La révolte gronde et bientôt, c'est l'inévitable : ils prennent les armes, mais « celles-ci sont plutôt faibles, peu offensives et peu résistantes et encore moins offensives (c'est pourquoi toutes leurs guerres sont à peine plus que des jeux de bâton d'ici, ou même des jeux d'enfants) ; avec leurs chevaux, leurs épées et leurs lances, les chrétiens commençèrent des tueries et des cruautés étrangères aux Indiens » *(op. cit,* p. 55). L'inégalité des forces en présence est évidente. Las Casas nous représente des Indiens dont les armes ne servent pas à se défendre et encore moins à attaquer. Bien davantage, il en montre l'inefficacité totale en les réduisant à des jeux d'enfants. Par contre, l'évocation des moyens utilisés par les Espagnols, beaucoup plus précise puisqu'il nomme les armes utilisées, est suivie d'effets immédiats et sans appel : « des tueries et des cruautés étrangères aux Indiens » *(ibid.)*. Par là-même, une violence extrême fait irruption dans le monde des Indiens, un monde dont l'innocence semblait encore préservée. Las Casas jette sans ménagement le lecteur, sur le terrain même du martyr des Indiens :

> Ils [les Espagnols] entraient dans les villages et ne laissaient ni enfants ni vieillards ni femmes enceintes ou accouchées qu'ils n'aient éventrées et mis en pièces comme s'ils s'attaquaient à des agneaux réfugiés dans leurs bergeries. [...] D'autres lançaient [les bébés] par-dessus l'épaule dans les fleuves en riant et en plaisantant et quand les enfants tombaient dans l'eau, ils disaient : Tu frétilles, espèce de drôle ! Ils embrochaient sur une épée des enfants avec leurs mères et tous ceux qui se trouvaient devant eux.

Jusqu'alors la violence de l'Espagnol avait quelque chose d'effarant dans le mutisme sauvage de ses acteurs. Avec ces quelques paroles rapportées par l'auteur, on en découvre l'inhumanité.

Le récit de Las Casas est accablant. Sa force réside dans l'intensité qu'il donne à ses tableaux. Le sort des différentes provinces du Nouveau Monde se trouve résumé en quelques pages. Cette brièveté voulue porte la violence exercée par les Espagnols jusqu'au paroxysme. Une quinzaine de lignes suffit à rendre l'anéantissement des habitants des îles de San Juan et de la Jamaïque. L'arrivée des Espagnols est datée (1509), leurs crimes se succèdent suivant un processus toujours semblable :

> ils tuèrent, brûlèrent, grillèrent et jetèrent des gens à des chiens féroces ; puis ils ont opprimé, tourmenté et humilié les survivants dans les mines et autres travaux jusqu'à l'épuisement. *(Op. cit.*, p. 64)

Pour la première fois, en un terrible raccourci, Las Casas évalue quantitativement le massacre :

> Il y avait dans ces îles plus de six cent mille âmes, je crois même plus d'un million, et il ne reste même pas aujourd'hui deux cents personnes dans chacune. *(Ibid.)*

Les chiffres parlent d'eux-mêmes. Ils sont toujours en défaveur des Indiens. À chaque fois qu'ils sont évoqués, ils font apparaître l'injuste déséquilibre sur lequel les Espagnols basent les règles de leur présence au Nouveau Monde :

> Et parce que quelques rares fois les Indiens ont tué quelques chrétiens, avec juste raison et sainte justice, les chrétiens ont convenu entre eux que pour un chrétien tué par les Indiens, ils devaient tuer cent Indiens. *(Op. cit.*, p. 56)

Le paradis perdu

Las Casas ne peut employer que le temps du passé pour évoquer cette humanité qui peuplait le Nouveau Monde. Elle vivait sur des terres qu'il qualifie souvent « d'heureuses ». Ainsi, dans l'île espagnole, on dénombrait cinq royaumes. Chacun d'eux rivalisait de grandeur et de puissance, mais on y trouvait aussi « l'humanité et la charité » (*op. cit.*, p. 59). On y vivait encore à l'âge de l'innocence :

> Quelques jours plus tard arrive le roi universel et empereur de ces royaumes qui se nomme Atahualpa ; sa suite était composée de gens nus et munis d'armes pour rire. Ils ne savaient pas comment les épées tranchaient, comment les lances blessaient, comment les chevaux couraient, ni qui étaient les Espagnols. *(Op. cit.*, p. 134)

Le premier de ces royaumes s'appelait Maguà, le deuxième Marien, le troisième Maguna, le quatrième Xaragua, et le dernier Higuey. Après nous en avoir présenté l'étendue géographique (le seul caractère de ces pays auquel les Espagnols n'ont pu porter atteinte), Las Casas nous raconte le destin malheureux de chacun des rois qui les gouvernaient. Guarioner offrait de servir le roi de Castille. Cela ne lui servit de rien. Rattrapé dans sa fuite, il est enchaîné et expédié en Espagne. Il disparaît dans un naufrage au milieu de nombreux chrétiens et de richesses que ceux-ci avaient amassées. Ce fut aussi le sort de Caonabo, roi de Managua. Au Xaragua, Anucaona fut pendu après avoir servi l'Espagne, de même la vieille reine du Higuey qui s'appelait Higuanama. Las Casas le reconnaît, les mots ne sont plus suffisants pour rendre compte des tueries et des ravages perpétrés contre les Indiens.

Alors, son ton change. Il rappelle qu'il fut le témoin de toutes ces scènes. Impliquant sa propre personne dans le récit, se plaçant parfois, impuissant, au cœur des événements, il nous fait partager son indignation, et la souffrance des Indiens. Il termine ainsi le récit de la destruction du royaume du Guatémala par une longue plainte :

> Oh ! combien d'orphelins il [un conquistador] a faits ! A combien de parents il a volé leurs enfants ! Combien d'hommes il a privé de leur femme. Combien de femmes il a laissées sans mari ! De combien d'adultères, de stupre et de violence il a été la cause ! Combien ont perdu la liberté ! Que d'angoisses et de calamités ces gens là ont soufferts à cause de lui ! Que de larmes il a fait couler ! Que de soupirs, de gémissements, de solitudes dans cette vie, et que de damnations éternelles dans l'autre monde à cause de lui. *(Op. cit.*, p. 92)

Cette fois, Las Casas renonce à dénombrer le nombre des victimes, et plus encore à évaluer la souffrance des Indiens. Eux seuls sont capables de l'exprimer.

La souffrance des Indiens

Il nous rapporte donc leur cri qui s'élève au milieu des tortures :

> Les Indiens pacifiques pleuraient et criaient, suppliant les Espagnols de les tuer eux-mêmes mais de ne pas les livrer à leurs ennemis (d'autres indiens) ; comme ils ne voulaient pas sortir de la maison où ils étaient, ils furent mis en pièces tandis qu'ils criaient : « Nous sommes venus en paix pour vous servir et vous nous tuez ; que notre sang reste sur ces murs en témoignage de notre mort injuste et de votre cruauté. » *(Op. cit.*, p. 131)

Las Casas nous présente de l'Indien l'image exemplaire du martyr. Atahualpa, le roi du Mexique en est la meilleure illustration. Et quand il prend la parole, c'est en souverain :

> Où sont ces Espagnols ? Qu'ils se présentent. Je ne bougerais pas tant qu'ils ne m'auront pas dédommagé des vassaux qu'ils m'ont tué, des villages qu'ils m'ont détruits et des richesses qu'ils m'ont volées. *(Op. cit.*, p. 135)

Par l'entremise de Las Casas, le rythme ternaire de la phrase mise dans la bouche de l'Indien résume à elle-seule l'ampleur de l'irréparable. Ainsi s'exprime aussi son impuissance devant les Espagnols qui font subir à Atahualpa des sévices semblables à ceux que son pays avait endurés. Alors, ayant appris sa condamnation, il dit :

> Pourquoi me brûlez-vous ? Que vous ai-je fait ? Ne m'avez-vous pas promis de me relâcher si je vous donnais de l'or ? Ne vous ai-je pas donné plus que ce que je vous avais promis ? Puisque vous le voulez ainsi, envoyez-moi à votre roi d'Espagne. *(Ibid.)*

Les questions d'Atahualpa sont empreintes de dignité : nulle crainte devant la mort, juste le désir de comprendre le motif des Espagnols. Les quelques questions posées par le roi du Mexique sont avant tout celles d'un homme dont l'entendement se heurte à l'incompréhensible. Ainsi, dans sa *Très brève relation de la destruction des Indes*, Las Casas inaugure-t-il une longue tradition, reprise par Montaigne qui, jusqu'au XVIIIe siècle, donnera à l'Indien les mots pour crier sa souffrance et dénoncer la barbarie des envahisseurs.

BIBLIOGRAPHIE[1]

À propos de Montaigne et des *Essais*

Édition utilisée : La Pléiade, texte établi et annoté par Albert THIBAUDET et Maurice RAT. On peut aussi consulter celle de P. VILLEY, PUF., coll. « Quadrige », 1988.

BRODY J., *Lectures de Montaigne,* French Forum Publishers, 1982.

BUTOR M., *Essais sur les Essais,* Gallimard, 1968.

DEFAUX G., *Marot, Rabelais, Montaigne, l'écriture comme présence,* Champion, 1987.*

DEMONET L., *Michel de Montaigne,* PUF, coll. « Études Littéraires », 1985.*

CROQUETTE B., *Étude du Livre III des Essais de Montaigne,* Champion, 1895.*

FRIEDRICH, *Montaigne,* Gallimard, 1968.

GAMBOTTI Ch., *Les Essais,* Bordas, « L'Œuvre au Clair », 1989.*

POUILLOUX J.-Y., *Montaigne,* Éditions La Découverte / Gallimard, 1987.*

RIGOLOT M., *Les métamorphoses de Montaigne,* PUF. 1988.

STAROBINSKI, *Montaigne en mouvement,* Gallimard, 1983.

TOURNON, *Montaigne en toutes lettres,* Bordas, 1989.

Ouvrages collectifs :

Analyses et Réflexions sur Montaigne : de l'art de Conférer, Essais, Livre III, chap. VIII, éd. Ellipses, 1980.

Montaigne, penseur et Philosophe, 1588-1988, Champion, 1990.

Montaigne et les Essais, 1588-1988, dirigé par M. TRÉTEL, Champion, 1990.

Montaigne et l'Amérique

LESTRINGANT F., *Le Huguenot et le Sauvage,* Klincksieck, coll. « aux amateurs de Livres », 1990.

LESTRINGANT F., *Le Cannibale,* Perrin, 1994.*

RIGOLOT M., « Montaigne, lecteur européen de l'Amérique », *Diogène,* n° 164, oct-déc. 1993.

La France et le Nouveau Monde

ATKINSON G., *Les Nouveaux Horizons de la Renaissance française,* Droz, 1935.

GOMEZ-GERAUD M.-C., « L'entrée de l'Indien dans la littérature française », *Europe,* avril 1992.*

LUSSAGNET S., *Les Français en Amérique pendant la deuxième moitié du XVIe, le Brésil et les Brésiliens,* Paris, PUF, 1953.

MASSON Ph., *La France et la Mer au siècle des grandes découvertes,* Tallandier, 1993.

PASTOUREAU M., *Voies Océanes,* Bibliothèque nationale, 1992.*

TAILLEMITE É., *Sur des Mers inconnues,* Gallimard, coll. « Découvertes », 1987.

DUVIOLS J.-P., *Voyageurs français en Amérique,* Bordas, 1987.

1 Les ouvrages facilement disponibles sont accompagnés d'un astérisque (*).

L'Amérique au XVIe siècle

CASAS B. de Las, *Très brève relation de la destruction des Indes*, Éditions La Découverte, 1981.

COLOMB Ch., *Journal de bord*, Éditions La Découverte, 1980.

CORTEZ, *Mémoires*, Éditions La Découverte, 1980.

LÉRY J. de, *Histoire d'un voyage fait en la terre de Brésil*, présenté et annoté par F. LESTRINGANT, Presses du Languedoc, 1993.*

THÉVET, *Les Singularités de la France Antarctique*, présenté et annoté par F. LESTRINGANT, Éditions La Découverte, 1987.

À paraître : BRUNEAU DE RIVEDOUX : *Histoire véritable de certains voyages périlleux,* présenté et annoté par A.-G. GUÉGUEN, Presses du Languedoc, 1995.

Regard de l'ethnologue : LÉVY-STRAUSS C., *Tristes tropiques*, Presses Pocket, coll. « Terres humaines », 1955.

À VOIR : *La Controverse de Vallaloïd*, film de Jean-Daniel VERHAEGHE, FR3-La SEPT, 1991.

LEXIQUES

Termes obscurs des citations

ains : mais
bled : blé
broncher : bouger, commettre une erreur
de quoy : dont
: de ce que
détraction : dénigrement
duit : adapté
entreprindrent : entreprirent (forme future)
feste : faîte
feste : fête
fumeux : peu clair
gloser : commenter
jettez : poussé
leu : lu
mesconte : mécompte
lopin : morceau
onques : jamais
piper : tromper
pompes : fêtes
ouïr : entendre
quant et quant : en même temps
rebours (au) : au contraire
remerquer : remarquer
si est-ce-que : si bien que
soudeure : soudure
suffisant : adapté
trafique : commerce
tretous : tous
treuvent : trouvent
truchement : interprète
tuition : protection
uberté : fécondité vulgaire : commun

Glossaire

Les termes définis dans ce glossaire sont signalés par un astérisque (*) dans notre texte.

autochtone : habitant d'un pays où il est né.
Centaure : créature chimérique à tête d'homme et à corps de cheval.
cacique : chef de tribu indienne d'Amérique.
compilation : étude rassemblant les propos essentiels de divers auteurs.
cosmologie : science des origines du monde.
cosmographie : synonyme de géographie au XVIe siècle.
disert : qui s'exprime avec aisance et élégance.
éclectique : qui a des goûts divers, qui s'inspire des différents courants philosophiques pour en tirer le meilleur.
épistémologie : branche de la philosophie qui s'interroge sur les fondements de la connaissance.
irréfragable : qui ne peut être réfuté, contredit.
patache : bateau.
Parlement : dans l'Ancien Régime, cour de Justice dont les magistrats, indépendants, étaient dotés de pouvoirs conséquents.
sentence : expression d'une vérité morale. Montaigne est l'auteur de maintes « sentences ».

INDEX NOMINUM

SOMMAIRE

IMPRESSION - FINITION
Aubin Imprimeur, 86240 Ligugé. — D.L. août 1994. — Impr. L 46172